White Eagle: Die Chakras, Tore kosmischer Heilenergie

WHITE EAGLE
Joan Hodgson

Die Chakras
Tore kosmischer Heilenergie

Aquamarin Verlag

White Eagle Kontaktadressen:

White Eagle Center Deutschland:
Annemarie Libera
Schraystraße 2 · D-82110 Germering
Tel. 0 89/8 41 77 90 · Fax 0 89/8 41 77 90

White Eagle Center Schweiz:
Carol Sommer
Schmiedengasse 15 · CH-3400 Burgdorf
Tel. (0041) 34/23 24 44

Titel der englischen Ausgabe:
THE STARS & THE CHAKRAS
©The White Eagle Publishing Trust,
New Lands, Liss, Hampshire GU 33 7HY, England
Deutsche Übersetzung: Dr. Edith Zorn
Titelbild: Heita Copony
3. Auflage 1995
© Aquamarin Verlag
Voglherd 1, D-85567 Grafing
Herstellung: P & P Lichtsatz GmbH, Grafing
Druck u. Bindung: Wiener Verlag, Himberg
ISBN 3-89427-030-6

Inhaltsverzeichnis

Vorwort

Die Arbeit der White Eagle Loge baut seit mehr als fünfzig Jahren auf spirituelle Lehren auf, die in erster Linie aus dem Munde jener weisen Wesenheit stammen, die schlicht unter dem Namen ›White Eagle‹ bekannt sein möchte – Lehren, die durch meine Mutter, Grace Cooke, vermittelt wurden. In den frühen Anfängen jedoch empfing sie aufgrund ihrer Medialität eine Serie von Botschaften, die von einer anderen Seele stammten, die sich unter dem irdischen Namen Arthur Conan Doyle zu erkennen gab. Das war im Jahre 1931, ein Jahr nach Sir Arthurs Tod.

Jene Botschaften wurden mit der gesamten Geschichte in THY KINGDOM COME und später in neuer Auflage unter dem Titel THE RETURN OF ARTHUR CONAN DOYLE veröffentlicht. Diese Bücher schildern die dramatische Befreiung der unerwarteter Weise gefangenen Seele von A.C.D. und waren ursprünglich dazu gedacht, dem suchenden Menschen jene Erfahrungen, denen die Seele nach dem Tode des physischen Körpers begegnet, verständlich zu machen.

White Eagle zufolge gehörte Sir Arthur einer zeitlosen Bruderschaft an, die der Menschheit dient. Das ist offensichtlich, denn seine letzten Lebensjahre widmete er dem Bemühen, die Wahrheit eines Überlebens der Seele nach dem Tode zu verbreiten, nicht zuletzt um Millionen von Menschen Trost zu spenden, auf die sich der Verlust des geliebten Sohnes, Ehemannes, Bruders oder Freundes im ersten Weltkrieg vernichtend ausgewirkt hatte. Conan Doyle, eine führende Persönlichkeit auf dem Gebiet des Spiritismus, hatte seine gesamte Kraft in die Verbreitung dieser Lehren in zahlreichen Gebieten der Welt gelegt.

Noch kurz vor seinem Tode kämpfte er sich mit einer Bittschrift zum Londoner Innenministerium durch, um eine Aufhebung der alten Hexereigesetze anzustreben, aufgrund derer Medien verfolgt und eingekerkert werden konnten.

In den oben erwähnten Büchern lesen wir, wie Conan Doyle entdeckte, daß die Gegebenheiten nach dem Tode sich keineswegs so einfach gestalten, wie man ihn glauben gemacht hatte, daß eine Kommunikation zwischen den beiden Welten weitaus komplizierter und schwieriger war, als er geahnt hatte, und daß er selbst sich nach seinem Tode geradezu in einem Spinnennetz verfangen zu haben schien, was ihn an die Erdsphäre und einen eher traumähnlichen Zustand der Verwirrung band, bis er schließlich durch einen machtvollen, ihn erlösend einhüllenden Lichtstrahl befreit wurde, der ihm die Vision einer ungeheuren Aufgabe, zu deren Erfüllung er sich gemeinsam mit einer Gruppe weiser Lehrer des Ostens verpflichtet hatte, brachte.

Diese Aufgabe bestand darin, der Welt nicht nur klarere Kenntnis über den Zustand nach dem Tode zu vermitteln, sondern auch über den Weg des Fortschritts, einem wunderbaren Zustand der Erleuchtung und freudigen Erfüllung entgegen, offen für jede Seele, die bewußt auf dem Pfad spiritueller Entfaltung wandelt.

Der Bericht, auf welche Weise diese Botschaften überbracht wurden, sowie über die Ereignisse, die dazu führten, erscheint selbst heute noch jenen von uns, die an der ursprünglichen Arbeit beteiligt waren, recht ungewöhnlich. Auch ist es schwerlich zu verstehen, warum sie nicht allgemeineren Beifall und größere Akzeptanz fanden, abgesehen davon, daß sie zahlreiche weitverbreitete Glaubensansichten in Frage stellten. Doch jene Botschaften waren erst der Beginn. Nach Veröffentlichung des Buches THY KINGDOM COME stellte sich sehr bald heraus, daß es sich hier nicht um eine Lehre handelte, die auf ein Buch beschränkt bleiben sollte. Sie mußte gelebt werden und sich im Alltag beweisen. Jene wunderbaren, schlichten Lehren über das Leben nach dem Tode und den Weg, auf dem jede Seele die Verbindung zu ihren Lieben in der Welt des Lichtes aufrechterhalten kann, mußten in einfacher, menschlicher und liebevoller Weise, die jeder Mann, jede Frau und jedes Kind verstehen konnte, vermittelt werden. Zu diesem Zwecke fand sich zunächst eine kleine Mitarbeitergruppe zusammen, eine Bruderschaft, die regelmäßige Gruppenmeditationen durchführte, in denen sie von White Eagle in der Anwendung der Gedankenkraft − der Kraft der Seele − unterrichtet wurde, um Licht und Heilenergie in die Welt auszustrahlen, in eine Welt, die im Begriffe stand, die ›Jahre des Feuers‹ zu durchschreiten, lange vorhergesagt von den Führern und Lehrern, die später zu den Leitfiguren des Spiritismus wurden. White Eagle zählte natürlich ebenfalls zu jenen Lehrern.

Mit Hilfe der Polaire Bruderschaft in Frankreich, die, wie in THE RETURN OF ARTHUR CONAN DOYLE beschrieben, ganz außergewöhnlich entstanden war, wurde *Bruder Nobleheart* (wie White Eagle Sir Arthur nannte) befreit. Aus dem Kraftfeld dieser Gruppe entstand auch die kleine White Eagle Bruderschaft. Die Anweisungen für die nun folgende Arbeit wurden durch White Eagle von jener Gruppe weiser Lehrer aus den Bergen gegeben, in deren Händen, wie es sich zeigen sollte, der Entwurf des sich entfaltenden Projektes lag. Als erstes war ein Zentrum in London aufzubauen, die White Eagle Loge, später, zu gegebenem Zeitpunkt, ein Zentrum auf dem Land, wo die durch *Bruder Nobleheart* übermittelte Lehre und Philosophie, die fortlaufend von White Eagle erweitert und entfaltet wurde, in die Praxis umgesetzt werden konnte, sei es in Gottesdiensten, Meditationsübungen, Beratungen und − vor allem − in der Heiltätigkeit oder durch

9

Handauflegen und, wie wir es nennen, in der Fernheilung durch Gebet.

White Eagles Wunsch entsprechend, erhielt das Zentrum in London den Namen *White Eagle Loge*, ein Name besonderer Bedeutung. Die Indianer Amerikas verstanden unter der Bezeichnung ›Loge‹ einen Ort der Erneuerung, zu dem Menschen, denen die Probleme des Alltags stark zugesetzt hatten und die verunsichert waren, Zuflucht nehmen konnten, um Trost, Hilfe und Heilkraft zu finden.

Die White Eagle Loge wurde am 22. Februar 1936 ins Leben gerufen, und bald darauf begann White Eagle, auf spezielle Weise Heiler darin zu unterrichten, über die Chakras – die psychischen Zentren – Patienten zu heilen. Auch lehrte er die Heiler, im Zusammenwirken mit Heilungsengeln zu arbeiten, die durch einfache, doch inspirierende Rituale von der betenden Gruppe angezogen werden konnten. Bis auf den heutigen Tag wurde diese Heilweise beibehalten und von Gruppen überall in der Welt so ausgeübt, wie White Eagle es vorgegeben hatte und wie es die ursprünglichen Botschaften von Conan Doyle vorschlugen.

Obgleich wir als Heiler ganz einfach begannen, kaum glaubend, daß wir etwas würden erreichen können, wuchs unser Erstaunen angesichts der Resultate dieser Heilmethode, die sich im Hinblick auf die Seele als ebenso wirkungsvoll erwies wie in bezug auf den physischen Körper. Diese Heilweise schien offensichtlich zuerst auf der Seelenebene zu wirken; sie vermittelte dem Patienten Frieden und Harmonie, lange bevor eine physische Besserung eintrat. Nicht alle Patienten reagierten sofort. Häufig handelte es sich um ein langsames, geduldiges, ›unermüdliches Voranschreiten‹, um es mit White Eagles unvergänglichen Worten auszudrücken. Doch es geschahen genügend echte ›Wunder‹, die unser Vertrauen in die Heilungslehre stärkten.

Heute, nach mehr als fünfzig Jahren der Erfahrung, gehen wir immer noch in gleicher Weise vor, doch (wie wir hoffen) mit tieferem Verstehen. Wir sind uns vollkommen der Tatsache bewußt, daß wir erst beginnen, die Möglichkeiten einer zukünftigen Lebensweise zu sehen, die Leben transformieren kann und wird.

Unser Verständnis der Chakras selbst, der psychischen Zentren, sowie der Art und Weise, wie sie der Seele Heilung und Erleuchtung zu schenken vermögen, hat sich mit den Jahren vertieft. In dem vorliegenden Buch wollen wir versuchen zu beschreiben, auf welche Weise White Eagle uns geholfen hat, nicht nur diese Seelenfenster zu öffnen und uns dadurch der inneren Welten bewußt zu werden, sondern auch, wie wir uns mit Hilfe der planetarischen Engel auf die Gesamtheit des Universums einschwingen können, eines Universums der Magie und des Mysteriums, das weit jenseits dessen liegt, was der sterbliche Verstand zu erfassen vermag.

Im Laufe der Jahre haben wir die wundersame Verwirklichung des ursprünglichen Planes, der dieser Arbeit zugrundeliegt, verfolgt und Einblick gewonnen, wie sich Seelen überall auf der Welt mit der Aufgabe inkarniert zu haben scheinen, diese Tätigkeit der New Age Bruderschaft zu fördern. Wir haben liebe Seelen wiedererkannt, die hin und wieder von weit her zu uns kommen, und die oftmals auf recht ungewöhnliche Weise die Loge finden und beim Eintritt in die Gebäude ausrufen: »Es ist, als sei ich heimgekommen…«

Als die Botschaften des Arthur Conan Doyle durchgegeben wurden, wußte niemand aus der Gruppe viel über Astrologie. Doch kurze Zeit danach (ich war damals noch recht jung) fand ich im Bücherregal eines Freundes ein Buch von Alan Leo. Ich borgte es mir aus und war gleich mit Feuereifer dabei, mehr zu diesem Thema zu erfahren. Wenig später, auf einer Zugreise, ergab es sich, daß meine Mutter, Grace Cooke, mit A.G.S. Norris, dem Autor des Buches *Transzendentale Astrologie*, sprach. Da sie von meinem plötzlich erwachten Interesse an diesem Thema wußte, lud sie ihn in unser Haus ein. Sehr bald hatte er mich gelehrt, ein Geburtshoroskop zu erstellen und verwies mich auf die zur damaligen Zeit besten Astrologiebücher. Da dies kurz vor meinem einundzwanzigsten Geburtstag geschah, erhielt ich so eine ausgezeichnete Sammlung astrologischer Bücher, und bald erstellte ich für immer mehr Freunde Horoskope. Das ereignete sich noch vor der Eröffnung der Londoner Loge. Doch sehr bald nach deren feierlichen Einweihung, begann ich mit Vorträgen und Unterrichtsstunden zum Thema Astrologie, eine Tätigkeit, die ich bis zum heutigen Tage beibehalten habe.

Dieses astrologische Wissen wurde in schlichter Weise in die Heiltätigkeit eingebaut. Mit zunehmender Kenntnis der Chakras jedoch wuchs mein Interesse an ihrer Verbindung zu den Planeten – und den planetarischen Engeln. Auch erkannten wir die Beziehung jedes einzelnen Chakras zu einer bestimmten Bewußtseinsebene der inneren Welt und sahen, wie wir – durch jene Chakras – einen subtilen Körper aufbauen können, ein Vehikel, durch das wir hinreichend auf dieser Ebene zu funktionieren vermögen. Ein geistiges Gesetz besagt, daß wir, um auf einer jener Bewußtseinsebenen tätig sein zu können, eines ihr angepaßten Körpers bedürfen. Auf der physischen Ebene brauchen wir einen physischen Körper, der lediglich die äußere Hülle des Seelenkörpers darstellt, wobei letzterer seinerseits aus einer Anzahl feinstofflicherer Körper besteht, um auf jeder Ebene des Bewußtseins funktionieren zu können. Sowohl White Eagle als auch Sir Arthur Conan Doyle sprechen diese Bewußtseinsebenen an, deren Illustrationen in dem Buche THE RETURN OF ARTHUR CONAN DOYLE zu finden sind. Bei Betrachtung der unterschiedlichen Körper des Menschen mögen

wir erkennen, daß die Ebenen, ebenso wie die Körper, nicht auf-
einanderfolgend, sondern sich gegenseitig durchdringend angeordnet liegen: der physische Körper, eng verbunden mit dem
niederen ätherischen; der höhere ätherische, astrale und niedere mentale Körper sowie, verbunden mit den höheren Zentren, der höhere mentale mit dem himmlischen Körper, beziehungsweise Kausalkörper, die das Individuum letztlich zu kosmischem Bewußtsein führen. Diese unterschiedlichen Vehikel
beziehungsweise Körper stehen in Beziehung zu den sieben traditionellen Planeten und werden von ihnen beeinflußt – von Saturn (dem untersten) über Jupiter, Mars, Venus und Merkur bis
zu Sonne und Mond.

In diesem Buche versuche ich klarzustellen, was uns die praktische Erfahrung hinsichtlich der Beziehung des Menschen zum
Universum als Ganzen, zu den Planeten sowie zum Kosmos lehren kann. Wir alle sind Zellen im großen kosmischen Körper,
und doch stellt jede einzelne Seele ein Universum im Kleinen
dar. Dieses Universum wird im Laufe zahlreicher Inkarnationen
geschaffen, während derer wir langsam die unterschiedlichen
Vehikel des Bewußtseins aufbauen und stärken, die uns nicht
nur mit der Sonne verbinden, sondern mit allen Planeten. Wir
glauben, daß wir schließlich keiner Raumschiffe mehr bedürfen
werden, um den Weltenraum zu besuchen, da in jeder Seele ein
zu entwickelndes Instrument ruht, das uns in bewußte Verbindung mit den planetarischen Wesenheiten bringen kann.

Über die Jahre hinweg hat sich die White Eagle Arbeit auf
eine zukünftige Bruderschaft des Geistes hin entwickelt. In
freudigem Erstaunen erleben White Eagle Mitarbeiter überall
auf der Welt bei ihren gegenseitigen Besuchen in Logen und
Gruppen oftmals ein Gefühl des Heimkommens, ein Empfinden, von denselben weißen Schwingen der Liebe und Gebor-
genheit eingehüllt zu werden, die diese Arbeit von ihren Anfän-

13

gen her umgibt. Conan Doyle äußerte einmal in einer seiner frühen Botschaften, lange bevor auch nur ein einziger aus unseren Reihen eine Vorstellung von der vor uns liegenden Arbeit besaß: »Hinter dieser Arbeit stehen machtvollere Kräfte als die Führer und geistigen Freunde, denen wir während unseres Kontaktes mit dem Jenseitigen begegnen; jene Kräfte werden uns erkennen lassen, daß diese Arbeit eines Tages vielleicht als Vorläufer einer neuen Epoche der Religion, Philosophie und Medizin anzusehen sein wird.« Ein Vorwort von Ivan Cooke hierzu lautet: »Eine phantastische Behauptung...gerne lassen wir die Zeit darüber entscheiden.«

1

Die Harmonie der Sphären

Zu allen Zeiten hat der Mensch in staunender Ehrfurcht zum Sternenhimmel emporgeblickt. Große Poeten, Musiker, Künstler und Mystiker haben in der Bewegung der Sterne und Planeten jene Harmonien erspürt, die in der unsterblichen Seele ruhen, und darum gerungen, in ihrem Leben und Werk etwas von der Schönheit dieser himmlischen Bewußtseinssphären jenen von uns zu vermitteln, die ›dieses düstere Gewand des Zerfalls‹ noch dicht umschließt.

Auf die Himmelskörper sind auch einige unserer tieferen Symbole zurückzuführen. Überall auf der Welt wurde die Sonne stets als Quelle des Lebens und des Lichtes verehrt. Unser Dasein richtet sich nach ihrem Auf- und Untergang sowie ihrem jahreszeitlichen Rhythmus. Doch tief in einer jeden Seele ruht das unwillkürliche Erkennen, daß jenseits der physischen Sonne ein zeitenloser, unsterblicher Geist liegt, der Schöpfer aller Dinge.

In jeder Religion repräsentiert die Sonne den König, den Führer, jenen Erlöser, den das Licht durchstrahlt, damit er sein Volk zu heilen, zu stärken, zu segnen und emporzuheben vermag. Er demonstriert eine Lebensweise, die den Menschen helfen soll, für die himmlischen Harmonien empfänglicher zu werden, da jene Harmonien wirklich in den unsterblichen Seelen *sind*. Stille Meditation über das uralte Symbol der Sonne, den Kreismittelpunkt, vermag die Seele in eine wachsende Erkenntnis von der Unsterblichkeit menschlichen Geistes, umschlossen vom Gewande sterblichen Fleisches, zu führen.

Betrachten wir während der Nacht die Gestirne, die ohne Unterlaß um den Polarstern kreisen, so wird dasselbe Symbol sichtbar. Auch hier offenbart sich der ewige Geist, jenes Licht im Herzen des Menschen, das jede Seele auf ihrem Pfad irdischer Erfahrung leitet.

Die wechselnden Phasen des Mondes, der das Sonnenlicht beim Umkreisen der Erde aus verschiedenen Winkeln reflektiert, erinnern ebenfalls beständig an diese immerwährend kreisende (beziehungsweise spiralenförmig verlaufende) Bewegung, das Gesetz des Himmels.

Wie die Sonne den unsterblichen, ewigen Geist, der in der menschlichen Form leuchtet, darstellt, so symbolisiert der Mond, Königin der Gezeiten und Zentrum der drei Wasserzeichen des Tierkreises, die Seele der Menschheit. Sie ist die Mutter, die Baumeisterin jeglicher Form, durch die der Geist sich manifestiert, denn sie entscheidet über Geburt, Reifung und anschließenden Zerfall, den Tod und die Auflösung allen natürlichen Lebens. Auf der Seelenebene jedoch wirkt sie in gleichbleibendem, unwandelbarem Rhythmus, indem sie aus der Erfahrung einer jeden physischen Inkarnation den Stoff zur Errichtung des ewigen Seelentempels – des solaren Körpers – sammelt, durch den der Geist makellos erstrahlen wird. Ihr Symbol, der Halbkreis, kennzeichnet den unvollendeten Zustand des Seelentempels.

Der Lehrer Pythagoras betrachtete aufgrund seiner Himmelsstudien Gott als den Erhabenen Architekten, den großen Experten auf dem Gebiet der Geometrie beziehungsweise den großen Musiker des Universums. Der Infinitesimalpunkt im Zentrum des großen Kreises steht für die Quelle – die unsterbliche, namenlose Quelle, das kreative Wort – aus der Leben in stets größer werdenden Kreisen ewiger Liebe und Weisheit ausströmt, indem es sich in Myriaden irdischer Lebensformen manifestiert. Der einhüllende, beschützende Kreis, der dieses kreative Wort –

diesen Klang – umgibt, mag verglichen werden mit der göttlichen Mutter, die »vom Herzen des Vaters ausgehend, dem weißen Äther, der mit seinen unterschiedlichen Schwingungsebenen die Basis jeglicher Lebensform bildet, Gestalt verleiht.

Im Johannesevangelium (1:1-5) heißt es:
Am Anfang war das Wort, und das Wort war bei Gott, und das Wort war Gott. Dasselbe war am Anfang bei Gott. Alle Dinge wurden durch ihn geschaffen; und ohne ihn war nichts geschaffen. In ihm war Leben; und das Leben war das Licht des Menschen. Und das Licht leuchtete in der Finsternis; und die Finsternis begriff es nicht.
Weiter heißt es (1:14):
Und das Wort ist Fleisch geworden und hat unter uns gewohnt (und wir schauten seine Herrlichkeit, die Herrlichkeit des Eingeborenen des Vaters) voller Tugend und Wahrhaftigkeit.

Das Wort ist Gott, und das Wort wohnt im Fleische – im Herzen einer jeden Seele. Obgleich es Schicht um Schicht von Äthermaterie unterschiedlicher Dichte eingehüllt wird, *werden wir schließlich seine Herrlichkeit in jeder Menschenseele erblicken*, so wie die Herrlichkeit ›des Eingeborenen des Vaters, voller Tugend und Wahrhaftigkeit‹. Jesus von Nazareth demonstrierte diese Tatsache am vollkommensten. Er lebte den Weg, den jede Seele gehen muß, um den herrlichen Solarkörper aufzubauen, den Tempel des lebendigen Gottes. Auch Heilige, Seher, Meister und Adepten aller Zeiten lieferten durch ihre Lebensweise ein Beispiel hierfür. Doch die vollkommenste Manifestation, wie White Eagle sich äußerte, zeigte sich in Leben und Werk des Meisters Jesus.
Bei Schaffung des Seelentempels ruft der Mond, die göttliche Mutter, die sieben erhabenen planetarischen Engel – die En-

17

gel, die den Thron der Sonne umgeben – herbei, um die Bildung nicht nur des physischen Körpers, der äußersten Hülle der ätherischen Körper –›jenem trüben Gewand des Zerfalls‹ – zu unterstützen, sondern ebenfalls den Aufbau der feinstofflicheren Vehikel, durch die sich die mannigfaltigen Gaben des Geistes zu manifestieren vermögen. Letztere werden aus unterschiedlichen Graden ätherischen Stoffes geformt. So ist der niedere ätherische Körper, der die Physis durchdringt, sterblich wie diese. Die höheren ätherischen Körper jedoch leben weiter und werden zum unsterblichen Lichtkörper, in dem sich die niederen und höheren astralen sowie die niederen und höheren mentalen Vehikel und schließlich der himmlische Körper allmählich entwickeln und wachsen, bis die Seele – wie in der Johannes-Offenbarung geschrieben steht – zur Frau wird, zur Braut Christi, bekleidet mit der Sonne.

Die feinstofflicheren Körper stehen in enger Verbindung mit den Zentren psychischer Energie, bekannt als Chakras, die in der Physis mit den Hauptnervenzentren sowie den endokrinen Drüsen assoziiert werden. Die Haupt-Chakras sind:

1. Wurzel- oder *Muladhara-Chakra*, am unteren Ende der Wirbelsäule, direkt über dem Anus gelegen.
2. Sakral- oder *Svadhisthana*-Chakra, oberhalb der Fortpflanzungsorgane angesiedelt.
3. Solarplexus (Sonnengeflechtszentrum), unmittelbar über dem Nabel gelegen und aus *Surya*- und *Manipura*-Chakras bestehend.
4. Herz- oder *Anahata*-Chakra; es liegt oberhalb des physischen Herzens, doch mehr zur Mitte des Brustkorbes hin.
5. Kehlkopf- oder *Visuddha*-Chakra, in der Kehlkopfhöhle gelegen.
6. Stirn- oder *Ajna*-Chakra, das zwischen den Brauen liegt;
7. Kronen- oder *Sahasrara*-Chakra, im Hirnzentrum gelegen.

Die Genesis berichtet, daß Gott Himmel und Erde in sieben Tagen erschuf. Die Bedeutung der Zahl Sieben stammt aus dem Altertum und veranschaulicht einen Entwicklungszyklus, der gleichermaßen auf die individuelle Seele wie auch auf die Seele einer Nation oder die Weltseele zutrifft.

Interessanterweise ist unsere Sieben-Tage-Woche mit den vier Phasen des Mondes auf seiner Wanderung um die Erde verknüpft, ebenso wie die Monate des Jahres mit dem Durchschreiten der Sonne durch die Zeichen des Zodiak. Die Wochentage wurden nach den Planeten benannt (einschließlich Sonne und Mond), die jeden neu heraufdämmernden Tag regieren. (Siehe mein Buch PLANETARY HARMONIES)

Da uns der lunare Zyklus in einem Sieben-Tage-Zyklus der Reihe nach die Schwingungen eines jeden Planeten bringt, werden wir an die machtvolle Wirkung des Mondes in unserem täglichen Leben erinnert, die Erfahrungen, aus denen nach und nach der Seelentempel, jener unsterbliche Solarkörper, gebildet wird. Die Mondstellung im Geburtshoroskop deutet auf die Persönlichkeit des gegenwärtigen Lebens hin — jenen Teil in uns, der unschwer von unseren Mitmenschen erkannt wird. Sie indiziert ebenfalls unsere instinktive, emotionale Reaktion auf die Alltagsgeschehnisse, die Schritt um Schritt unsere Zukunft gestaltet.

Von alters her, vor der Entdeckung der transsaturnischen Planeten Uranus, Neptun und Pluto, haben Astrologen und Alchemisten die Planeten nach deren Bewegungsgeschwindigkeit, wie sie von der Erde aus beobachtet wird, angeordnet. Beginnend mit Saturn, dem langsamsten, oder aber mit dem Mond, dem schnellsten, erkennen wir, daß die Sonne stets im Zentrum ruht:

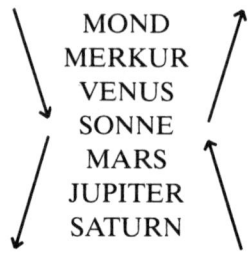

MOND
MERKUR
VENUS
SONNE
MARS
JUPITER
SATURN

TABELLE I: Anordnung der Planeten im Altertum

Dieser Anordnung zufolge könnten wir die Sonne als Kind Gottes bezeichnen, als das goldene Kind, welches tief im Herzen einer jeden in der physischen Welt inkarnierten Seele erstrahlt. Der Sonne, als zentraler und ewiger Quelle des Lebens und Lichtes, wird das Symbol des Kreismittelpunktes zugeschrieben, jenes Lebens- und Lichtfunkens im Kreis göttlicher Liebe, der jungen Sonne im Menschenherzen. Dieser Lichtpunkt ist ebenfalls eins mit der Sonne im Herzen des Universums, die Sonne, die alle Planeten regiert und erhellt. Die Sonne, das göttliche Feuer im Herzen unseres Seins, wird letztlich den physischen wie auch alle feinstofflichen Körper, die mit den planetarischen Engeln verbundenen Vehikel, lenken und erleuchten, so daß wir wirklich die Harmonien der Sphären hören werden, die in unserer unsterblichen Seele singen.

Im seinem Johannesevangelium gibt uns White Eagle eine sehr hilfreiche Erklärung für das Mysterium der Beseelung des Wortes – des Geistes:

»Es herrscht immer noch Verwirrung bezüglich Natur und Funktion der Seele sowie des Geistes im Menschen. Sobald der Geist herabsteigt, um im Fleische zu wohnen, beginnt er, die sogenannte Seele zu erschaffen, denn die Seele ist jener Teil menschlichen Seins, der sich aus den Erfahrungen, denen sich

20

das zarte innere Selbst des Menschen während der Inkarnation unterzieht, gestaltet. Die Seele kann ferner als der feminine Aspekt im Leben des Menschen bezeichnet werden, das mütterliche Prinzip. Die Weltenseele bildet sich aus dem Gefühl der Welt, die Seele einer Nation aus der Bevölkerung dieser Nation.

Die esoterischen Lehren bezeichnen die Seele stets als die Mutter beziehungsweise den femininen Aspekt des Lebens, das zweite Prinzip – das erste Prinzip hingegen als den göttlichen Willen, den Vater oder den maskulinen Aspekt. Die Genesis berichtet, wie die Frau der Herzensregion des ersten Mannes, Adam, entnommen wurde: während Adam still dalag, brachte Gott aus seiner ›Rippe‹ beziehungsweise aus seinem Herzen, die Frau hervor – das zweite Prinzip.

Wir sollten die Bedeutung dieser Seele, dieses weiblichen Aspektes, erkennen lernen. Ohne eine Seele könnte sich das erste Prinzip im Manne nicht weiterentwickeln. Adam bedurfte dieses zweiten Aspektes zu seiner Vervollkommnung. Er mußte beseelt werden, um wahrhaft leben zu können. Die Seele gibt dem Selbst des Mannes Gefühl, und sie stellt den intuitiven Teil in ihm dar. (Das heraufdämmernde Wassermann-Zeitalter wird den mütterlichen beziehungsweise weiblichen Aspekt des Lebens klarer herausstellen. Mit anderen Worten, es wird eine verstärkte Entwicklung der Intuition und wachsende Seelenkraft unter den Erdbewohnern hervorbringen.)«

Im folgenden Kapitel werden wir die Seele des Menschen ausführlicher beschreiben.

2

Die Seele und die astrologischen Elemente

Ebenso wie die Sonne sich in ihr planetarisches System kleidet, umhüllt sich die spirituelle Sonne der Menschheit mit Trägern des Bewußtseins der ihr eigenen ätherischen Wellenlänge, der jeweiligen Ebene entsprechend, auf der sie sich manifestiert. Dabei gilt das geistige Gesetz, daß eine Seele, um hinreichend auf einer bestimmten Ebene agieren zu können, eine Hülle besitzen muß, die im Einklang mit der ätherischen Substanz dieser Ebene schwingt. Wie das Baby im physischen Mutterleib allmählich die einzelnen Organe seiner Physis aufbaut und vervollkommnet, so schafft die Seele Schritt um Schritt jene feinstofflicheren Körper, die es ihr schließlich ermöglichen, in jeder Bewußtseinssphäre tätig zu sein und auf diese Weise den göttlichen Plan zu erfüllen, den des vollkommenen Mannes – der vollkommenen Frau, gänzlich erwacht und so wahrhaftig ein Abbild Gottes.

Das Wachstum der Seele kann mit dem Wachstum des Babys im Mutterleib verknüpft werden. Jede Seele wird auf allen Entwicklungsstufen genährt: umschlossen, wie einige okkulte Lehren es beschreiben, vom ›kosmischen Ei‹ im Schoße der göttlichen Mutter – die ihr Kind immerfort nährt, beschützt und unterstützt. Man sollte einmal bei dem Gedanken an diesen wunderbaren Schutz verweilen, diese Obhut, Führung und Pflege des solaren Körpers im Schoße der göttlichen Mutter, eines Mysteriums, das wir nur im Herzen beginnen können zu begreifen, wenn wir über den Mutter-Aspekt Gottes, in der Astrologie symbolisiert durch den Mond, meditieren. Keine Seele wird jemals von der göttlichen Liebe und Fürsorge, jenem vollkommenen Plan für die Entwicklung des Seelenkörpers, ausgeschlossen.

Der Mond, Mutter und Baumeisterin jeglicher Form, steht an erster Stelle der Planeten, die ihrer scheinbaren Bewegungsgeschwindigkeit entsprechend angeordnet werden. Das Mittelalter betrachtete die antike Ordnung als wesentlich, insbesondere im Zusammenhang mit der Ausübung der Magie. Wenn die Zeit für den Geist – das goldene Sonnenkind – naht, erneut in der Erde zu wurzeln, leuchtet ein Lichtstrahl aus dem ewigen Geist, dem Sonnen-Selbst, hervor. Durch die Ebenen des Merkur und der Venus, jener Planeten, die dieser Anordnung zufolge zwischen Erde und Sonne stehen und die mit höheren mentalen sowie himmlischen Sphären verbunden sind, steigt er hinab in das Herz-Zentrum. Hier vereinigt sich der Sonnenstrahl, das göttliche Feuer, mit der wartenden Seele und regt sie an, die physische Befruchtung herbeizuführen. Auf seinem weiteren Weg abwärts durchdringt er die Ebenen des Verlangens, des Astralen, niederen Mentalen und niederen Ätherischen, um schließlich als Same in die Erde, das physische Leben, versenkt zu werden. die planetarische Ordnung außerhalb des Erdkreises bilden nacheinander Mars (Astralkörper), Jupiter (ätherischer Körper, niederer sowie höherer) und Saturn (Erd- beziehungsweise physische Ebene). Der Planet Saturn und das Wurzelchakra repräsentieren den tief in der Erde begrabenen goldenen Samen.

Die uralte Weisheit lehrt, daß jedes Organ, jede Zelle des menschlichen Körpers, auf subtile Weise mit den Sternen und Planeten der Himmel verknüpft ist, und daß sich jede Seele unter Führung und Leitung der erhabenen planetarischen Engel, der Agenten der Herren des Karma, inkarniert. Diese planetarischen Wesenheiten wirken als Baumeister und gestalten unter

Anleitung der göttlichen Mutter jedes einzelne Körperorgan gemäß der für die kommende Inkarnation gewählten karmischen Lektionen.

Nach östlicher Überlieferung steht überdies jeder physische Schwangerschaftsmonat unter dem Einfluß eines anderen Planeten, beginnend mit dem langsamsten, Saturn, gefolgt von den übrigen Planeten in oben beschriebener natürlicher Anordnung, das heißt, Saturn, Jupiter, Mars, Sonne, Venus, Merkur und Mond. Die transsaturnischen Planeten, Uranus, Neptun und Pluto, werden in dieser Siebenerreihe übergangen, da sie bei der physischen Entwicklung des Kindes keine Rolle spielen, doch (laut White Eagle sowie zahlreicher spiritueller Lehrer, die seit Entdeckung dieser Planeten während der letzten zwei Jahrzehnte über sie sprachen) repräsentieren sie eine höhere Oktave derselben planetarischen Strahlen. Mit dem siebten Monat hat sich der kleine Körper völlig gebildet, ist aber noch nicht reif, selbständig zu leben. Erneut beginnen wir mit Saturn, der den achten Monat regiert, Jupiter den neunten und Mars − der energische, individualisierende Planet − die Geburt, die dem Ringen des Babys angemessen zu sein scheint, seinen Weg in ein unabhängiges Leben zu nehmen, dienlich außerdem, da Mars aufgrund seines Feuerzeichens Widder den Aszendenten sowie das erste Haus des jeweiligen Horoskops regiert, das den Körpertypus und die generelle Lebenseinstellung anzeigt.

Es erscheint logisch, daß während der stufenweisen Entwicklung des Kindes im Mutterleib, die mit der natürlichen Ordnung der Planeten übereinstimmt, das Christuskind − jener Sonnensame tief im Herzen − derselben Ordnung folgend die unterschiedlichen Bewußtseinsträger entwickeln wird, so zum Beispiel den niederen und höheren ätherischen, astralen, mentalen und schließlich den himmlischen Körper. Dieser Vorgang vollzieht sich, wie White Eagle es ausdrückt, nach dem Gesetz der

Entsprechungen (›Wie oben, so unten; wie im Himmel, so auf Erden‹).

Sonne und Mond repräsentieren die positiven beziehungsweise negativen Lebensströme, die die gesamte Schöpfung durchfließen. Vollkommenes Gleichgewicht zwischen beiden bringt Licht und Harmonie hervor – ihr Ungleichgewicht führt zu Dunkelheit und Chaos, sowohl in den Individuen als auch in den Nationen. Die mit den Zeichen des Tierkreises verbundenen Elemente ihrerseits sind positiv – Feuer und Luft – oder negativ – Erde und Wasser. Jeder Planet manifestiert seinen Einfluß durch ein positives und ein negatives Zeichen. Sonne und Mond, die Löwe beziehungweise Krebs regieren, gelten als die positiven und negativen Seiten desselben Prinzips.

Dem erfahrenen Astrologen wird ein großer Teil der Information im weiteren Verlauf dieses Kapitels vertraut sein. Er soll dem Durchschnittsleser als Einführung in einige Grundbegriffe dienen, die an anderer Stelle in diesem Buche benötigt werden. Die meisten Menschen kennen die zwölf Zeichen des Tierkreises, die die Sonne bei ihrer alljährlichen Reise um die Himmel zu durchwandern scheint. Diese Bahn wird Ekliptik genannt, und sie teilt sich in zwölf Abschnitte von jeweils dreißig Grad auf. Den Kreis gleichgroßer Zeichen, beginnend mit der Frühlingstagundnachtgleiche bei Widder 0°, bezeichnet man auch mit Tierkreis oder Tropischem Tierkreis. Die wechselnden Positionen von Sonne, Mond und den Planeten auf ihrer Wanderung durch die Zeichen bilden für die meisten westlichen Astrologen die Grundlage eines Horoskopentwurfs.

Einige jedoch ziehen es vor, sich auf die graphische Darstellung des Siderischen Zodiak zu stützen, der nicht auf den zwölf *gleichen* Einteilungen der Ekliptik, sondern auf den Stellungen von Fixsternen und Sternbildern basiert, die den Zeichen des Tierkreises ihre Namen geben. Die zwölf Zeichen des Siderischen Zodiak besitzen, entsprechend der Zwischenräume der einzelnen Sternbilder nahe der Ekliptik, ungleiche Breiten.

Diese beiden Formen des Tierkreises erfordern eine recht unterschiedliche Art der Interpretation, doch beide haben ihre Anhänger. Zodiak (gr. *zodiacos*) bedeutet, ein Kreis von Tieren. Die Mehrzahl der Zeichen werden in unterschiedlichsten Teilen der Erde, in denen man die Sterne studiert hat, durch Tiere symbolisiert. Hier zeigt sich eine Parallele zu den Lehren der uralten Weisheit über die Bewußtseinsentfaltung der Menschheitsseele – vom Tier zum Menschen und vom Menschen zum Göttlichen.

Die praktische Erfahrung mehrerer Jahre hat gezeigt, daß Horoskope, die auf dem Tierkreis basieren, ein exaktes Bild der Charaktereigenschaften des Menschen und seine generelle Lebensauffassung vermitteln können. Sie weisen ebenfalls deutlich auf die Art von Erfahrungen hin, die voraussichtlich im Zusammenhang mit Familie, sozialer Stellung, Karriere, Finanzen, Gesundheit, Ehe und anderen Beziehungen, Kindern, Reisen, Hobbies usw. gemacht werden.

Sowohl im Tropischen als auch im Siderischen Zodiak sind die zwölf Zeichen den vier Elementen Feuer, Erde, Luft und Wasser zugeordnet, wobei jedes in drei unterschiedlichen Manifestationsarten erscheint, bekannt als kardinal, fix-stabil und veränderlich. Die Kardinalzeichen verdeutlichen den aktiven, energischen und extravertierten Aspekt des Elementes; die fixen Zeichen drücken seine beständige, stabilisierende und eher dauerhafte Seite aus, während die veränderlichen Zeichen Flexibilität und Anpassungsfähigkeit verleihen, verbunden mit dem Verlangen nach Wandel und Vielseitigkeit, gewissermaßen als Vorbereitung auf die kommenden Erfahrungen des nachfolgenden Elementes.

In DIE VIER GROSSEN EINWEIHUNGEN erklärt White Eagle, daß der Schlüssel zur Seelenlektion unserer gegenwärtigen Inkarnation im Element desjenigen Zeichens liegt, in dem die Sonne zum Zeitpunkt der Geburt steht. Es weist auf die einzigartige Seelenqualität hin, die jedes Individuum in die Inkarnation mitbringt. Dies zu verstehen, wird unser Bemühen unterstützen, Eigenwillen und Egoismus – die Hauptursachen für unser menschliches Leiden und Irren – zu überwinden.

Das *Erdelement*, verknüpft mit dem Wurzelchakra, verankert die Seele in der phyischen Seite des Lebens mit seinen praktischen Aufgaben. Die Seelenlektion dieses Elementes besteht im *Dienen*, häufig in sachlich nüchterner Weise. Ein derartiges Dienen hilft den eher unpraktisch und visionär veranlagten Menschen, ihre Ideen und Pläne zu erden. Jene, gesegnet mit Vision und Imagination, verschwenden keinerlei Gedanken an das praktische Detail, beziehungsweise nehmen sich nicht die nötige Zeit, die Dinge still auf der physischen Ebene arbeiten zu lassen. Das Gebundensein an praktische Fragen, ein Charakteristikum jener, die die Lektion des Erdelementes lernen, kann andererseits zu einer prosaischen Auseinandersetzung mit dem Alltag führen, was ein Öffnen nach oben und Meditation schwierig und unrealistisch gestalten mag, auf der anderen Seite diesen Seelen jedoch Geduld, Mut und Zähigkeit auf ihrer Suche nach Wahrheit verleiht. Sie werden feststellen, daß korrekt durchgeführte Rituale und Zeremonien im Zusammenwirken mit harmonischen Farben und Klängen ihnen helfen, sich aus der Erdenschwere zu erheben. Sie sollten sich niemals für weniger ›spirituell‹ als ihre mehr visionär veranlagten Brüder halten, sondern versuchen zu erkennen, wie geduldiger, freundlich und liebevoll erwiesener praktischer Dienst selbst in Erfüllung äußerst nüchterner Aufgaben die Seele dem Himmel nahezubringen vermag.

Das *Wasserelement*, assoziiert mit dem Sakral- beziehungsweise Milzchakra, lehrt die Lektion *Göttlichen Friedens* – kein leichter Weg für Seelen mit der Betonung dieses Elementes, da sie äußerst sensitiv und empfänglich sind. Mit dem Voranschreiten auf dem geistigen Pfad konzentrieren sich unsere Energien zunehmend im Herz-Zentrum, was uns verletzbarer und empfindsamer macht. Seelen, die diese Lektion lernen, brauchen unbedingt den Frieden ihres eigenen stillen Sanktuariums, in das sie sich zurückziehen können, um Erneuerung und Schutz zu finden. Sie bedürfen dieser Kraft und inneren Sicherheit, die sie in regelmäßigen, schweigenden Perioden des Sichzurückziehens finden, entweder in der Meditation, in einer Kapelle, einem abgeschiedenen Garten oder am stillen Wasserufer. Sie besitzen die Fähigkeit, bewußt den weiten Ozean göttlicher Kraft und göttlichen Friedens herabzuziehen. Doch diese muß mit Ausdauer, Disziplin und Hingabe entwickelt werden. Wenn diese Seelen gelernt haben, die aufgewühlten Wasser ihrer Gefühle zu besänftigen und ruhig atmend Zugang zum See inneren Friedens zu gewinnen, dann werden sie wahrhaftig verwirklichen können, was White Eagle in dem Buch *Meditation* ausdrückt: »Wie das stille Wasser den Himmel widerspiegelt, so reflektiert die Seele das Bild Christi.«

Das *Feuerelement*, verbunden mit dem *Manipura*- und *Surya*-Chakra (Solarplexus), lehrt die Lektion der *Liebe*, indem es der Seele Vitalität, Energie, Vision, Enthusiasmus und zudem eine starke Wunschnatur verleiht. Jene, die die Lektion dieses Elementes lernen, sind warmherzig, liebevoll, offen und voller Optimismus. Doch obgleich im Grunde freundlich gesinnt, läßt ihre Gedankenlosigkeit sie häufig der Sensitivität und Empfindsamkeit ihrer Mitmenschen, die sie durch taktloses Sprechen und Handeln verletzen, nicht bewußt werden. Die Lektion tiefer, umfassender Liebe ist auf allen Ebenen des Seins zu erlernen. Erst durch die Erfahrung eines ungeheuren Ausmaßes an feurigen Gefühlen brennen sich die selbstsüchtigen Wünsche und Passionen, Ehrgeiz und Stolz, etwas erreichen zu wollen, allmählich aus, und nur noch die Sehnsucht nach der Einheit mit Gott, dem Unendlichen, dem Geliebten, bleibt zurück. Dann werden sich die feurigen Energien in einer feinen heilenden, aufopfernden Liebe ausdrücken, die das gesamte Sein durchstrahlt und vielen Seelen Licht, Trost und Kraft schenkt.

Das *Luftelement*, assoziiert mit dem Herzchakra, lehrt die Lektion der *Bruderschaft* über Kommunikation und Verständnis für andere. Menschen mit Betonung dieses Elementes verspüren den Wunsch, ihren Geist durch wissenschaftliche beziehungsweise künstlerische Studien oder aber irgendeiner anderen Form der Kommunikation, mittels des geschriebenen Wortes oder der Medien, zu entwickeln. Im kommenden Wassermann-Zeitalter sollte nicht nur der äußere Verstand in zunehmendem Maße angeregt, sondern ebenfalls ein Gleichgewicht hergestellt werden zwischen jener tiefen Weisheit und dem Verstehen, das sich durch den Herzensverstand entfaltet. Die Verbindung des Herzchakras mit Venus, Herrscherin der Waage, unterstreicht die Bedeutung dieses Gleichgewichtes zwischen Kopf und Herzensverstand. Selbst zum gegenwärtigen Zeitpunkt wird die Menschheit als Ganzes durch Erziehung und Medien aufgerüttelt, die Bedürfnisse der Mitmenschen auf weltweiter Ebene zu erkennen. Dies führt zur Stimulation des Herz-Zentrums, dem Sitz von Gefühl und Verständnis, das uns in enge Berührung mit anderen Seelen auf einer immer tieferen Ebene bringt. Hierin liegt ganz gewiß der Beginn der Bruderschaft des Neuen Zeitalters.

Obgleich das beschleunigte Tempo mentaler Aktivität und rascher Kommunikation viel Spannung und Verwirrung hervorruft, zwingt es gleichzeitig eine zunehmende Anzahl von Menschen, einen inneren Lichtweg sowie Frieden in der Meditation zu suchen; das heißt, ein Sichzurückziehen ins Herz-Zentrum, um nach jenem Strahl des Lichtes und der Inspiration zu forschen, der vom Polarstern des eigenen Seins, dem Christus-Stern im Inneren, ausgeht. Dies gehört zum geistigen Erwachen, das das Wassermann-Zeitalter mit sich bringt.

Im Tropischen wie im Siderischen Zodiak werden die zwölf Zeichen in derselben Weise den vier Elementen zugeordnet – jeweils mit seinen drei Manifestationen: kardinal, fix-stabil und veränderlich (siehe nachfolgende Tabelle).

	ZEICHEN	ELEMENT	MODUS
♈	Widder	Feuer	Kardinal
♉	Stier	Erde	Fix
♊	Zwilling	Luft	Veränderlich
♋	Krebs	Wasser	Kardinal
♌	Löwe	Feuer	Fix
♍	Jungfrau	Erde	Veränderlich
♎	Waage	Luft	Kardinal
♏	Skorpion	Wasser	Fix
♐	Schütze	Feuer	Veränderlich
♑	Steinbock	Erde	Kardinal
♒	Wassermann	Luft	Fix
♓	Fische	Wasser	Veränderlich

TABELLE II: Die zwölf Zeichen des Tierkreises

In ihrer Anordnung rund um den Kreis des Horoskops, der in seiner Form den Kreis der Himmel um die Erde darstellt, erken-

nen wir, daß die Zeichen mit derselben Eigenschaft beziehungsweise demselben Modus (kardinal, fix oder veränderlich) ein
Kreuz innerhalb des Kreises bilden, das astronomische Symbol
der Erde selbst.

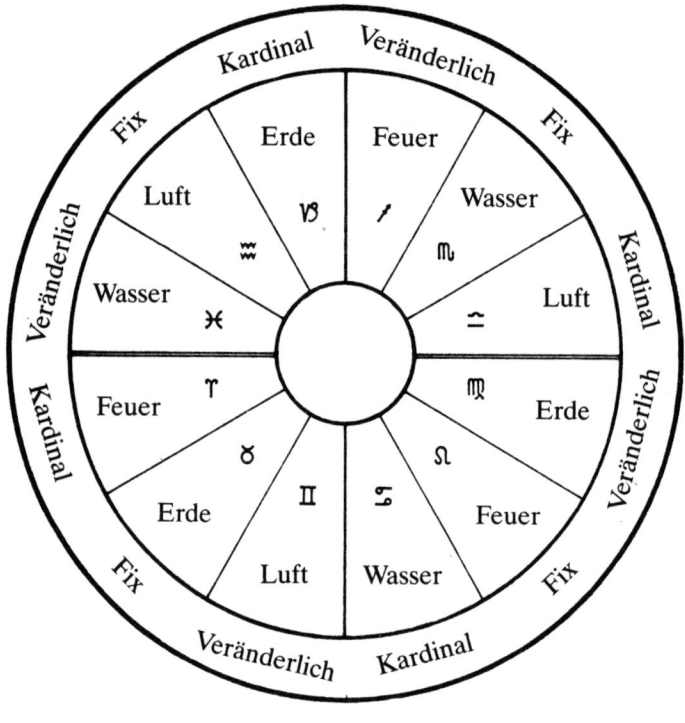

TABELLE III: Die Zwölf Zeichen im Horoskop

Die die Zeichen beherrschenden Planeten werden in der nachfolgenden Tabelle aufgeführt.

Interessanterweise ist jeder einzelne Planet mit zweien der
Elemente verknüpft, wobei Sonne-Mond, Mars und Jupiter die
Feuer- und Wasserzeichen regieren, sowie Merkur, Venus und
Saturn, Herrscher der Erd- und Luftzeichen sind. Auch die Zei-

chen selbst folgen einer Ordnung, beginnend mit Löwe, ganz oben links, hinunter zu Steinbock, dann zur anderen Seite hin, Wassermann (die beiden letzteren werden von Saturn regiert) und hinauf zu Krebs. Bei Betrachtung der planetarischen Schwingungen der Chakras werden wir noch auf diese Anordnung zurückkommen.

♌	Löwe	SONNE-MOND	Krebs	♋
♍	Jungfrau	MERKUR	Zwilling	♊
♎	Waage	VENUS	Stier	♉
♏	Skorpion	MARS	Widder	♈
♐	Schütze	JUPITER	Fische	♓
♑	Steinbock	SATURN	Wassermann	♒

TABELLE IV: Planetarische Herrscher der zwölf Zeichen

3

Die planetarischen Baumeister

Ein Planet, der in einem seiner eigenen Zeichen steht, vermag seine Haupteigenschaften kraftvoll und eindeutig zu manifestieren, man bezeichnet ihn dann als in seinem *Domizil* stehend. Zu jedem Planeten gehört aber noch ein weiteres Zeichen, durch das er seinen feinsten Eigenschaften Ausdruck verleihen kann, bekannt als das Zeichen seiner *Erhöhung*.

Befindet er sich in einem Zeichen, das demjenigen, in welchem er herrscht beziehungsweise erhöht ist, genau gegenüberliegt, spricht man vom Planeten in seinem *Exil* oder *Fall*. Dann wird seine natürliche Kraft in gewissem Grade gehemmt.

Es hilft und wirkt inspirierend, wenn wir uns wiederholt ins Gedächtnis zurückrufen, daß alle planetarischen Körper nur die physischen Träger der großen kreativen Lebensströme sind, die unter Anleitung der göttlichen Mutter gemeinsam an der Schaffung verschiedener Lebensformen arbeiten.*

Jede Seele stellt ein Miniatur-Universum mit ungeheurem, nicht verwirklichtem Potential dar. Bei der überlieferten Vorstellung, daß die Seele nach dem Tod auf einer Wolke thront und Harfe spielt, handelt es sich lediglich um eine recht plumpe Darstellung dessen, wie die planetarischen Engel, ein jeder mit der ihm eigenen Grundnote, sich in die Harmonie des Universums einstimmen und schließlich jede unsterbliche Seele befähigen

---

* Zur Erörterung der sieben großen planetarischen Strahlen siehe White Eagle: DER GEISTIGE PFAD und DAS GROSSE W. E. ASTROLOGIE-BUCH.

werden, die planetarischen Harmonien ihres eigenen Seins erklingen zu lassen, einzig in ihrer Art und doch Teil des großen himmlischen Orchesters. Dies wird geschehen, sobald sich die höheren Körper durch die Erfahrung vieler Inkarnationen allmählich entwickelt haben.

Im Tierkreis werden Steinbock und Wassermann von Saturn, die beiden gegenüberliegenden Zeichen, Löwe und Krebs, von Sonne und Mond regiert. Meditation über die Beziehung zwischen Saturn, Sonne und Mond, vermag manchen Aufschluß zu geben. Die griechische und römische Mythologie sah einst in Saturn den König der übrigen planetarischen Gottheiten. Unter seiner Herrschaft erlebte die Welt ein goldenes Zeitalter des Friedens, der Ordnung und der Kultur.

	Domizil	Exil	Erhöhung	Fall
Mond	Krebs	Steinbock	Stier	Skorpion
Merkur	Zwilling Jungfrau	Schütze Fische	Jungfrau	Fische
Venus	Waage Stier	Widder Skorpion	Fische	Jungfrau
Sonne	Löwe	Wassermann	Widder	Waage
Mars	Widder Skorpion	Waage Stier	Steinbock	Krebs
Jupiter	Schütze Fische	Zwilling Jungfrau	Krebs	Steinbock
Saturn	Steinbock Wassermann	Krebs Löwe	Waage	Widder

TABELLE V: Stärken und Schwächen der Planeten

36

Der Mond (auf den wir später näher eingehen wollen) repräsentiert sowohl die ewige Seele, die Schritt um Schritt aufgebaut wird, als auch die Persönlichkeit einer einzelnen Inkarnation, die wir Seele nennen, während wir im physischen Körper weilen. Um zwischen beiden im weiteren Verlaufe unserer Betrachtungen zu unterscheiden, gebrauchen wir Großbuchstaben, wenn wir uns auf die in zahlreichen Leben gestaltete höhere SEELE beziehen und die Normalschreibweise, wenn wir von der Persönlichkeit des gegenwärtigen Lebens sprechen. Die Engel des Saturn führen, behüten und beschützen die SEELE, die sich durch Disziplin, Prüfung und Schulung ein festes Fundament schafft, auf dem der Sonnentempel, der solare Körper, erbaut werden soll. Kraft des Elementes Erde ziehen diese Engel des Saturn die SEELE stets aufs Neue in die physische Inkarnation hinab.

Eines der antiken Symbole für die göttliche Mutter ist der Lebensbaum. Für Schüler der inneren Mysterien der SEELE besitzt der Bericht über die beiden Bäume, den Baum des Lebens und den Baum der Erkenntnis, inmitten des Gartens Eden tiefere Bedeutung. Der Mond mit seinen wechselnden Licht- und Schattenseiten symbolisiert Eva, das gerade erschaffene Kind Gottes, das von der im Baume der Erkenntnis über Gut und Böse versteckten Schlange in Versuchung geführt wird. Adam und Eva sind Sohn-Tochter Gottes, erschaffen nach seinem Bilde: Adam, der Sohn, beziehungsweise die Sonne, göttlicher Wille und göttliche Energie; Eva, die Tochter, nach Weisheit verlangend, um die kreative Kraft ihrer himmlischen Vater-Mutter zu gebrauchen. Das innere Drängen, durch Lebenserfahrung zu lernen, motiviert alle gesunden Kinder, ein Beispiel für das sich offenbarende Gesetz des Ausgleichs im Makro- und Mikrokosmos.

Sobald Eva vom Apfel gekostet und ihn Adam gereicht hatte,

wurden sich beide ihrer unterschiedlichen Existenzen bewußt, und die Engel des Saturn, Hüter des göttlichen Gesetzes, vertrieben sie aus dem himmlischen Garten:

Dann schuf Gott, der Herr, für Adam und sein Weib Hüllen aus Haut und bekleidete sie damit.

Und Gott, der Herr, sprach, siehe, der Mensch ist geworden wie einer von uns, zu erkennen Gut und Böse: nun aber, auf daß er nicht seine Hand ausstrecke nach dem Baume des Lebens, um davon zu kosten und ewiglich zu leben:

Stieß Gott, der Herr, ihn aus dem Garten Eden, damit er den Boden pflüge, von dem er genommen war.

So vertrieb er den Menschen und stellte Cherubim gen Osten des Garten Eden auf und ein flammendes Schwert, nach allen vier Windrichtungen weisend, um den Baum des Lebens zu bewachen.

(Genesis 3:21-24)

So wurden Adam und Eva in das Erdelement gezogen, um mit physischen Körpern (Hüllen von Haut) bekleidet zu werden, durch die sie Freude und Leid, Vergnügen und Schmerz erfahren würden (bemerkenswerterweise regiert Saturn die Haut, die äußerste Begrenzung des Körpers). Durch Zeugung neuer physischer Körper für ihre Nachfahren sowie die Erfahrung von Elternschaft und Familienleben würde die selbstlose Liebe erwachen. Ihr kreativer Instinkt und das normale Bedürfnis nach Nahrung und Obdach, würde sie zu harter Arbeit zwingen, um gewissermaßen aus dem Nichts ein wenig Harmonie, Schönheit und Sicherheit in ihrem Leben zu schaffen.

Die Dualseele, dargestellt durch den Kreis, wurde an diesem Punkt gespalten. Wir haben nun das astrologische Symbol für den Mond, den Halbkreis, der sowohl die unsterbliche SEELE als auch die individuelle Seele versinnbildlicht, erfüllt von tiefer, wenn auch oft verborgener Sehnsucht nach Wiedervereinigung mit dem Geliebten, was im christlichen Glauben durch die mystische Hochzeit zwischen Christus und seiner Kirche – dem Geist und der Seele – zum Ausdruck kommt. Erst nach dieser mystischen Wiedervereinigung (Schüler der Yoga-Philosophie werden zustimmen) wird es der SEELE möglich sein, den Garten wieder zu betreten, um auch vom Baume unsterblichen Lebens zu kosten – eine wunderbare Symbolik, gekleidet in eine schlichte Erzählung.

Eine bemerkenswerte Legende führt die Geschichte von Adam und Eva weiter, die Geschichte vom Echten Kreuz. Jacopo Voragine machte sie im Mittelalter als die *Legenda Aurea* (Goldene Legende) populär; sie inspirierte Chaucer und wurde in England von Caxton in freier Übersetzung gedruckt. In der mittelalterlichen Literatur und Kunst finden wir sie vielfach kopiert, und der Maler Piero della Francesca illustrierte sie in einer Serie wunderschöner Fresken, die noch heute in der Kirche von San Francesco in Arezzo, Italien, zu sehen sind.

Die Legende beschreibt die Verbindung zwischen dem Baum der Erkenntnis von Gut und Böse und dem Echten Kreuz. Sie beginnt mit dem Tode Adams, als dieser nach einem langen Leben von 930 Jahren (Genesis 5:5) zum Kummer und Erstaunen seiner Familie stirbt; die erste physische Todeserfahrung in der Geschichtsschreibung. Seth, der dritte Sohn Adams, begibt sich in die Unterwelt und bittet um Erbarmen. Der Erzengel Michael (der Sonnen-Engel) überreicht ihm einen Zweig jenes Baumes, von dem Adam einst kostete, und fügt hinzu, daß Adam erneuert und geheilt werde, sobald der Zweig Früchte trage. Seth pflanzt den Zweig auf Adams Grab, wo er wächst und gedeiht bis zu den Tagen Salomons.

Salomon findet Gefallen an dem prachtvollen Baum und be-

39

fiehlt, ihn für den Bau seines Palastes zu fällen. Doch da er sich an keiner Stelle einfügen läßt, wird er als Brücke über den Fluß Siolam gelegt. Bei ihrem Eintreffen erkennt die Königin von Saba sogleich die tiefe Bedeutung dieses Baumes. Ehrfürchtig kniet sie nieder und berichtet Salomon, daß sie intuitiv sehe, wie an diesen Baum ein Mann genagelt werde, der das Reich der Juden auslösche und beende. Salomon läßt daraufhin die Brücke abtragen und tief in der Erde vergraben.

Diese Schilderung enthält viel Symbolhaftes. Salomon repräsentiert die Entfaltung von Weisheit auf der Ebene äußeren Verstandes, doch trotz all seines Wissens vermag er nicht, den Baum in seinen Palast einzupassen. Die Königin von Saba steht für die SEELE – Eva – die göttliche Mutter, die intuitiv den Weg der Seele erkennt, einen Weg, der zur Kreuzigung am Baume der Erkenntnis von Gut und Böse führt – beziehungsweise zur Erlangung vollkommenen Gleichgewichtes zwischen den positiven und negativen Lebensströmen, welches das Licht gebiert.

Dann folgt die Leidensgeschichte. Der Baum wird gefunden und dient als Kreuz Christi, späteres Symbol des Christentums. Im Mittelpunkt der Fresken von Piero della Francesca steht die Kreuzesvision Kaiser Konstantins in der Nacht vor einer wichtigen Schlacht. Sie veranlaßte den Kaiser, während des Kampfes ein kleines, makellos weißes Kreuz zu tragen. Nahezu ohne Blutvergießen errang er einen wundersamen Sieg über die Streitkräfte des Maxentius.*

Nach dem Tode Konstantins entdeckte Kaiserin Helena durch

---

* Dies erinnert uns an eine Anweisung White Eagles während des Blitzkrieges im Zweiten Weltkrieg. Er mahnte uns, ein großes Plakat mit dem weißen Kreuz inmitten des Kreises aufzustellen, das hoch über den Dächern der Stadt erstrahlen sollte. Unter dem Kreuz waren die Worte zu lesen: ›Die Mächte der Finsternis halten inne vor dem Kreuz des Lichtes.‹ Zahlreiche Berichte schildern die wundersame Wirkung, die die Konzentration auf dieses Plakat hervorbrachte und so Menschen und Gebäude während der Bombardierung beschützte.

einen Juden namens Judas das Echte Kreuz und wies dessen Authentizität nach. Sechs Tage lang hielt sie Judas (nicht verwandt mit Judas Iscariot) in einem tiefen Brunnenschacht gefangen, bis er schließlich den Verbleib des Kreuzes preisgab. Die Erde erbebte an dieser Stelle und eine wundersame Süße entströmte ihr. Voller Freude rief Judas aus: ›Jesus Christus, du bist wahrhaft der Retter der Welt.‹

Tatsächlich wurden drei Kreuze ausgegraben. Judas ließ sie in der Stadtmitte auslegen. Um die Mittagsstunde brachte man den Leichnam eines jungen Mannes zur Bestattung und Judas befahl, die Totenbahre auf jedem Kreuz abzusetzen. Das dritte Kreuz erweckte den Mann wieder zum Leben.

Auf den Fresken des Piero finden wir eine besonders bewegende Szene: Erzengel Gabriel erscheint der Kaiserin Helena, nicht um ihr die Geburt Christi, sondern ihren nahen Tod und die Heimkehr ins Paradies zu verkünden. So jedenfalls interpretiert Kenneth Clark dieses Fresko in seiner Studie über den Künstler. Die Frau – die SEELE – scheint eine wesentliche Rolle in der Goldenen Legende zu spielen. Beginnend mit Eva, in der das Verlangen nach Wissen erwacht, gefolgt von der Königin von Saba, deren tiefes Verstehen (Intuition) die Weisheit Salomons übertrifft, führt sie uns schließlich zu Helena. Aufgrund ihrer Intuition und durch die Gefangennahme des Judas in seinem Erdkerker, entdeckt sie das Echte Kreuz, das den jungen Mann wiederbelebt. Die Ankündigung ihres Todes durch den Engel symbolisiert zweifellos jenen Zweiten Tod, den jede Seele vor der endgültigen Auferstehung und Rückkehr in den Garten erfahren muß. Erst dann kann sie vom Baume des Lebens kosten – worunter die Wiedererlangung der Unsterblichkeit, die der heilige Michael für Adam prophezeite, zu verstehen ist.

Ein weiterer interessanter Gesichtspunkt der Symbolik dieser Erzählung liegt in dem uralten Bild von dem Baum, der die göttliche Mutter darstellt, sowie von Saturn, als Brücke zwischen beiden Welten. Eine erneute physische Inkarnation unter dem Einfluß der Engel des Saturn mag mit der SEELE verglichen werden, die ihre Wurzeln, wie der Baum der Erkenntnis, hinabsenkt, um die Weisheit und formbildende Kraft der göttlichen Mutter emporzuziehen. Saturn verleiht Wurzeln und Grundstruktur, Stamm und Zweige des Baumes, und regiert das Knochengerüst des Körpers sowie die Haut, die äußerste Umhüllung. Astrologisches Zeichen des Saturn ist der Halbmond unter dem Kreuz der Materie, was klar die Gefangenschaft der Seele beziehungsweise ihre Gefangenschaft in der physischen Existenz zum Ausdruck bringt.

Die Engel des Jupiter verteilen in enger Zusammenarbeit mit jenen des Mondes den weißen Äther, die gestaltende Kraft des Universums. Sie erschaffen jegliche Form, von den niederen groben und elementalen bis hin zu den feinsten, himmlischen und göttlichen Körpern. Sie versorgen die SEELE auf allen Seinsebenen mit ihrem entsprechenden Gewand. Jupiter regiert das Wasserzeichen der Fische, Symbol des unendlichen, universalen Ozeans ätherischer Substanz, die durch Gedankenkraft geformt und modelliert wird. Jupiter wird bisweilen als der höhere, größere Mond bezeichnet und besitzt wie dieser eine dunkle und eine lichte Phase, – eine Dualität, deren Einfluß sich von den Tiefen des unbewußten Selbst, dem Sitz der Erinnerungen an vergangene Leben, früheren Hoffnungen und Ängsten, zurückliegenden Denkgewohnheiten, Fehlschlägen und Triumphen –, unmittelbar hinauf zu den Höhen der himmlischen und göttlichen Welten erstreckt. Sein Prinzip heißt Ausdehnung und Wachstum, und er regiert gleicherweise den unterbewußten wie den bewußten Verstandesraum.

Die enge Beziehung zwischen Mond und Jupiter zeigt sich darin, daß letzterer in Krebs, dem Zeichen des Mondes, erhöht steht. Erhöhung und Fall der einzelnen Planeten können dem Astrologen beim Studium der Entwicklung feinstofflicherer Körper manchen wichtigen Aufschluß geben. Die Erhöhung des Jupiter in diesem Mondzeichen zeigt, wie seine Engel des Wachstums und der Expansion, der Weisheit und der umfassenden Gerechtigkeit und des Mitgefühls, in gleicher Weise wirken, um der sich entwickelnden SEELE Weisheit und Stärke zu verleihen, wie der Saft, der im Baumstamm emporsteigt, oder das Blut, das den physischen Körper durchströmt. Sie repräsentieren das Fließen göttlicher Lebenskraft in den einzelnen Bewußtseinsträgern.

Jupiter beschäftigt sich in erster Linie mit ätherischer Substanz, die durch das Denken geformt und modelliert wird. Sein Grundprinzip lautet Expansion und ein Hineinwachsen in die Freiheit. Daher ist es verständlich, daß sein Fall im Saturnzeichen Steinbock erscheint (als polares Gegenüber des Zeichens Krebs) – dem Zeichen der Disziplin, Zusammenziehung und Kristallisation. Jupiter, häufig mit Flügeln an Fersen oder Kopf dargestellt, erlebt diese gestutzt, wenn er im Steinbock steht, wo Pflicht und Gehorsam oder physische Begrenzungen seine Freiheit einschränken. Das astrologische Symbol für Saturn zeigt die Seele (den Mond), festgehalten unter dem Kreuz der Materie, jenes des Jupiter hingegen zeigt den Halbmond über dem Kreuz und versinnbildlicht damit das Aufwärtsstreben der Seele in die Freiheit.

Von Jupiter wenden wir uns nun dem nächsten Planeten zu. Jupiter verteilt den kreativen weißen Äther des Mondes, Mars, Herrscher des Widder, wirkt als Agent der solaren Energie. Dies kommt in der Erhöhung der Sonne im feurigen Widder zum Ausdruck.

Solare Energie – durch Mars – verleiht die nötige Vitalität, Energie, Willenskraft und Dynamik, den physischen, ätherischen sowie astralen Körper aufrechtzuerhalten. Sie stimuliert die impulsive Wunschnatur sowie den niederen mentalen Körper (Widder regiert Kopf und Verstand). Sie kann ungeheuer kreativ wirken, doch ebenfalls Rücksichtslosigkeit in der Seele hervorrufen, die nicht zögert, zweckgebunden die Begierden der niederen Natur auf Kosten anderer zu befriedigen. Alan Leo bemerkt hierzu in seiner *Esoterischen Astrologie*:

»Die unmittelbar unterhalb des Mentalen liegende Ebene ist die der persönlichen Gefühle, regiert vom Planeten Mars. Sie repräsentiert den animalischen Menschen in der Fülle seiner Kraft, einer Kraft, die nicht mißachtet oder ignoriert werden sollte, wohl aber verwandelt und weise eingesetzt, denn Mars repräsentiert das Bewußtsein aller Körperzellen, einschließlich derer des Gehirns, nicht jedoch jener des Herzens. Erst wenn Kontrolle über das Verlangen gewonnen wurde, kann das Animalische besiegt und zu einem brauchbaren Diener gemacht werden. Das Kleinhirn speichert die gesamte kamische* beziehungsweise leidenschaftliche Kraft; Mars, ihr planetarischer Vertreter, stellt die Stoffe zur Ideenbildung bereit, wobei die Stirnlappen des Gehirns ihnen zwar den letzten Schliff geben und sie glätten, sie jedoch nicht erschaffen. Die Affinität zwischen Mars und Venus tritt deutlich hervor. Mars regiert den animalischen Sinn, Venus die Seele, das heißt, wenn aufgrund von Anziehung Harmonie zwischen den beiden herrscht, resultiert dies in einer Affinität, stehen sie jedoch in Gegensatz zueinander, sind Antipathie beziehungsweise Antagonismus die Folge.«

Mars, die feurige Wunschnatur, manifestiert sich durch den

---

* Unter Kama versteht die Hindu-Philosophie den Wunschtrieb (nicht zu verwechseln mit Karma). Wie Alan Leo an anderer Stelle (in *The Art of Synthesis*) ausführt, ist, »dem Hindu Kupido...in erster Linie der göttliche Wunsch, Glück und Liebe zu schaffen...erst Jahrhunderte später...wurde Kama zur Macht, die auf animalischer Ebene die Begierde stillt.«

Astralkörper. Sein Symbol, einst mit einem Kreuz anstelle des Pfeiles ausgestattet, illustriert die solare Energie, die Materie zum Handeln bringt. Aufgrund einer automatischen Reaktion erzeugt dies Karma, das die Seele – unter die Disziplin des Saturns zwingt. Doch die Erhöhung des Mars im Steinbock, dem Zeichen des Saturns, zeigt, wie das solare Feuer, der goldene Same, eingesenkt in die kalte Erde, sich um Wachstum müht. Unter der weisen Führung und Disziplin des Saturn lernt die Seele den Wert von Geduld, Ausdauer, harter Arbeit und Selbstdisziplin. Sie erreicht die Stärke und Widerstandsfähigkeit eines gewaltigen Bergmassivs, dessen Gipfel in den Sternenhimmel ragen.

Der Mond regiert nicht nur den Krebs, sondern steht in enger Beziehung zu allen Wasserzeichen. Sein Fall liegt im Skorpion, dem negativen Marszeichen der Zerstörung und der Auflösung der Form. Doch Skorpion als fixes Zeichen deutet ebenfalls auf das Weiterleben der Seele über den physischen Tod hinaus hin. Es gibt keinen Tod, lediglich einen Wandel im Zustand des Trägers unsterblichen Geistes.

In der natürlichen planetarischen Ordnung liegt die Erdbahn zwischen jener der Venus und des Mars. Das Symbol für die Erde besitzt tiefe Bedeutung, da wir den Kreis der Sonne, den Kreis göttlicher Liebe, bedeckt mit dem Kreuz der Materie darin erkennen. Es gewährt uns einen vagen Einblick in das herrliche solare Energiefeld – das göttliche Lebensfeuer, vergraben in der Erde. Dieses Symbol gleicht dem vierblättrigen Lotos inmitten des Kreises – dem östliche Mandala des Wurzelchakras, das sich auf das Erdelement bezieht, und in dem die göttliche kosmische Energie schlafend ruht, bekannt als *Kundalini.*. B.K.S. Iyengar erläutert in seinem Buch LICHT AUF PRANAYAMA:

»Die Kundalini (kundala=Seilknäuel; kundalini=aufgerollte weibliche Schlange) ist göttliche, kosmische Energie. Die Kraft oder Energie wird von einer zusammengerollten schlafenden Schlange, die im untersten Nervenzentrum an der Basis der Wirbelsäule, dem *Muladhara*-Chakra, ruht, dargestellt. Diese latente Energie muß erweckt und angeregt werden, den Rückenmarkskanal, die *Sushumna*, emporzusteigen, indem sie die Chakras durchstößt und geradewegs zum *Sahasrara*, dem tausendblättrigen Lotos im Kopf, hinaufschießt. Dann befindet sich der Yogi in Einheit mit der Höchsten Universalen SEELE.«

Das Erdsymbol des Kreuzes in der Kreismitte hat über die Jahrhunderte hinweg bei Bruderschaften erleuchteter Seelen Gebrauch gefunden − Seelen, denen die Glorie der geistigen Sonne bewußt geworden war und die fortan Disziplin und die beständigen Seelenprüfungen, die der Pfad mit sich bringt, bereitwillig akzeptierten, ein Weg, der zu jener Einheit mit dem göttlichen *Selbst* führt, die Frieden und Freude, weit jenseits weltlichen Vorstellungsvermögens, schenkt.

Das Symbol der Venus, der Herrscherin des Erdzeichens Stier und der luftigen Waage, wird mit diesem Zeichen dargestellt. Sie steht Mars polar gegenüber, und ihre jeweiligen Symbole deuten auf die enge Beziehung beider Planeten zu Sonne und Erde hin. Die Sonne steht erhöht in Widder, ihr Fall liegt in der Waage. Der Kreis über dem Kreuz für Venus repräsentiert die himmlische Anmut des Geistes, das Sonnenkind im Inneren, das sich über das Kreuz der Materie erhebt − die himmlische Bereitschaft des Erbarmens und Vergebens, die in der Christusliebe zum Ausdruck kommt, indem sie das schwierige Karma undisziplinierter solarer Energie heilt und transformiert.

Wenn die Seele sich erneut inkarniert, leuchtet der Lichtstrahl, das Bewußtsein aus der Höheren SEELE, tief ins Herz hinein. Es ist jenes stille Zentrum des Lichtes und der Wahrheit, das einer Kerzenflamme gleicht, und das im Sanktuarium des

Herz-Zentrums ruht. Diese wahre Sonne im Herzen überwacht und lenkt unsere gesamte Inkarnation.

Mars wirkt als Instrument des solaren Feuers, doch Venus, Hauptplanet des Herzchakras, gestaltet mit ihrer sanften Schönheit ein Sanktuarium aus, einen Altar tief im Herzensinneren, den die stille Flamme des Christus-Seins, des ewigen Selbst, der Individualität, des Atman in der Hindu-Tradition, erhellt. Unbemerkt und stufenweise erstarkt diese Flamme des ewigen Selbst im Laufe zahlreicher Leben, um schließlich die ungeheure Energie der kosmischen Sonne nutzbar zu machen und zu lenken, so daß die irdische Persönlichkeit verklärt und transformiert wird. Dann kann das gesamte Leben im Zustand vollkommener Harmonie und Ausgewogenheit zwischen innerer und äußerer Welt gelebt werden.

Die Erhöhung des Mondes im Stier, dem fixen Erdzeichen – dem Zeichen des Erbauers – symbolisiert zweifellos jenen ewigen SEELEN-Tempel, an dem jeder von uns baut, und der durch Schulung und Mühsal irdischen Lebens allmählich zum tauglichen Vehikel für die vollständige Manifestation der göttlichen Sonnenenergie heranwächst – ein physisches Gefäß, durch das der Solarkörper ungetrübt leuchten kann.

Das Symbol des Merkur stellt eine Kombination dar aus dem Kreuz (Hinweis auf physisches Leben und Bewußtsein) unterhalb des Kreises (Geist, die innere Sonne) und dem Mondhalbkreis (Seele) darüber. Der Einfluß dieses Planeten, so nahe der Sonne, vermag erst dann völlig erfaßt zu werden, wenn die Seele die göttliche Ebene kosmischen Bewußtseins berührt hat. Alan Leo bemerkt hierzu in *Esoterische Astrologie*:

»Merkur ist zudem ein Planet, dessen Einfluß mehr auf der ätherischen als auf der physischen Ebene wahrgenommen wird, denn seine äußerst subtilen Schwingungen vermögen nur höchst sensitive Menschen zu empfinden, da er seinen Einfluß nur über das Nervensystem auszuüben vermag. Auf der physischen Ebene sind seine Wirkungen, wenn überhaupt, lediglich durch seine Relation zu anderen Planeten beziehungsweise deren Aspekten spürbar.

Merkur steuert die reine Vernunft oder was wir unter abstrakter Vernunft verstehen, das, was rein menschlicher Natur ist, frei vom animalisch Groben, einen Zustand, der oft als übermenschlich bezeichnet wird. Im Wesentlichen haben wir es mit dem Planeten der Rhythmik und Harmonie zu tun. Entgegenwirkende Positionen oder Aspekte zu diesem Planeten stören daher die Vernunft sowie die höheren, reineren Gedanken und Intuitionen im Menschen. Seine beste Ausdrucksmöglichkeit findet er durch die Luft- und die beweglichen Zeichen, mit Jungfrau, dem ätherischsten aller Zeichen, als untergeordnetem Einfluß. Nur Adepten vermögen den Einwirkungsbereich dieses Planeten isoliert und abgesondert von den Zeichen wahrzunehmen.

Er ist wahrhaftig der Götterbote, der den feinen Lichtfaden aufrechterhält, die Verbindungslinie der Kommunion und Kommunikation, ausgehend von den Engeln der Weisheit in der göttlichen Welt, die jeweiligen, von anderen Planeten gelenkten Bewußtseinsebenen durchziehend, geradewegs hinunter in das Erdendasein. Er herrscht über Sprache und Stimme sowie über das Hörvermögen. Sobald die Seele Sensitivität und Reinheit merkurischer Schwingung entfaltet, beginnt sie, die göttlichen Harmonien wahrzunehmen, in denen die planetarischen Schwingungen der Seele ihre eigene Note, die sich zugleich in Farbe und Duft äußert, erklingen läßt. So erwecken die Engel der Weisheit durch den Planeten Merkur die Seele allmählich zu kosmischem Bewußtsein.«

Die Transsaturnischen Planeten, Uranus, Neptun und Pluto, besitzen ebenso wie Merkur ein Symbol, das sich aus Kreuz,

Kreis und Halbkreis in jeweils unterschiedlicher Anordnung zusammensetzt. Einflußbereich und Wirkung dieser Planeten werden in einem späteren Kapitel behandelt.

4

Der solare und der lunare Tierkreis

Die innere Welt oder Seelenwelt gehört zum Bereich des Mondes. In allen Religionen symbolisiert er die göttliche Mutter, Maria, Isis, Schöpfer und Vernichter der Form. Geistig erwachten Menschen künden die Phasen seiner Umlaufbahn die Tatsache der Reinkarnation, den unaufhörlichen Kreislauf von Geburt, Reife, Tod, Auflösung und Wiedergeburt in einen neuen Körper. Ununterbrochen erschafft er, zerstört und schafft erneut neue Vehikel, durch die sich die Christus-Sonne manifestieren kann.

Die meisten Religionen verfügen über eine äußere, orthodoxe Form, erfüllt von Geschichten, Legenden und Parabeln, die den Bedürfnissen einfacher Menschen angemessen sind. Diese schlichten Erzählungen geben ihrem Leben Halt und Führung. Doch sie beinhalten auch verborgene, innere Wahrheiten, die der nach tieferem Verständnis für die Mysterien von Leben, Tod und menschlicher Erfahrung Suchende entdecken kann. Diese inneren Mysterien gleichen sich im Wesentlichen in allen Religionen. Sie basieren auf der antiken Lehre, die über dem Eingangstor der Mysterienschulen vergangener Zeitalter geschrieben stand: »Mensch, erkenne dich selbst, und du wirst Gott und das Universum erkennen.« Gerade das innere Leben, das Seelenleben des lunaren Selbst, vermittelt uns die Erkenntnis dieser subtilen, kosmischen Energien.

Die meisten Menschen kennen die vier Elemente – Feuer, Erde, Luft und Wasser – verbunden mit den zwölf Zeichen des

Tierkreises, den die Sonne auf ihrem jährlichen Weg um die Himmel zu durchwandern scheint. Doch nur wenige wissen um das Bild eines anderen Tierkreises, der sich auf den Bahnen des Mondes um die Erde im Verlaufe eines Jahres gründet, und der durch die feineren Schwingungen der Tierkreiszeichen von der Seele der Menschen reflektiert wird. Im lunaren Tierkreis muß es jedoch dreizehn Zeichen geben, da während des Jahres (solarer Zyklus) stets mehr als zwölf und weniger als dreizehn Mondzyklen auftreten.

Die Mayas benutzten zwei Kalendersysteme, das erste, basierend auf der Sonne, diente den Angelegenheiten des Alltags und kennzeichnete die Jahreszeiten. Das zweite, parallel ablaufende System wurde der »geheime Kalender« genannt. Dieser basierte auf Perioden von dreizehn Tagen und wurde zu Prophezeiungen sowie für magische Praktiken benutzt. Lange bevor Astronomen der Alten Welt diese Genauigkeit in ihren Kalkulationen erreicht hatten, tabellarisierten die Astrologen der Mayas bereits die Positionen von Mond, Venus und Mars so exakt, daß sie jeden bestimmten Tag innerhalb eines Zeitraumes von 370.000 Jahren festzulegen vermochten. In einem alten hieroglyphischen Manuskript der Mayas, heute bekannt unter dem Namen Dresdener Codex, finden wir Tabellen der planetarischen Konstellationen, die zeigen, daß ihre Berechnungen praktisch ebenso genau waren wie die unserer modernen Astronomen mit all ihrer hochentwickelten Ausrüstung.

Die Keltischen Druiden bedienten sich mit Sicherheit des lunaren Tierkreises, da uns der römische Schriftsteller Plinius berichtet: »Nach dem Mond berechnen sie ihre Monate und Jahre.« Der Druidische Kalender umfaßte dreizehn Monate, ein jeder achtundzwanzig Tage zählend. Ein zusätzlicher Tag wurde eingefügt, um ihn in Übereinstimmung mit dem Sonnenjahr und seinen 365 Tagen zu bringen. Hier liegt der Ursprung für die heute noch in Fabeln und in der Rechtssprache gebrauchte irische und walisische Ausdrucksweise: »Ein Jahr und ein Tag«.

Um ihren Kalender aufzustellen und die Bewegungen der Sterne zu studieren, bauten die Astronomen der Druiden Observatorien (zumindest nehmen dies zahlreiche Archäologen an), von denen noch einige in Frankreich und auf den Britischen Inseln existieren. Professor Alexander Thom meint, daß mindestens zweihundert der Steinkreise in diesen Ländern als Himmelsobservatorien benutzt wurden. Viele von ihnen waren für die Vorhersage von Sonnenfinsternissen bestimmt, die entsprechend dem Neun-Jahre-Zyklus der Sonne-Mond-Beziehung berechnet wurden, sowie zur Sichtung bestimmter Sterne. Callanish, eine Gruppe riesiger, aufrechtstehender Steine auf der Insel Lewis, auf den äußeren Hebriden, liefert ein besonders klares Beispiel hierfür. Diese Anlage besteht aus einem Ring von dreizehn Steinen mit einem zentralen »großen Stein«, einem Zugang, sowie Steinreihen, die ganz offensichtlich zu einem bestimmten Zweck in dieser Weise angeordnet worden sind. Der Zugang scheint auf den aufgehenden Stern Capella ausgerichtet worden zu sein. Die Druiden fanden wohl ganz besonderes Interesse an diesem Stern, der in der Konstellation des Auriga, des Wagenlenkers, liegt, denn in der Anordnung ihrer Steinkreise entdeckte Professor Thom, daß der Sonne achtzehn, dem Mond zweiundvierzig und Capella fünfzehn Steine in einer Linie zugeordnet waren – bedeutend mehr als für den nächsten Stern der Reihenfolge, Arcturus, zu dem nur acht Steine gehörten.

In seinem Buch *Arachne Rising* schreibt James Vogh, der sich eingehend mit dieser Materie beschäftigte:

»Die Zahl Dreizehn ist ›vernunftswidrig‹, schwierig und gehört in das Reich irrationaler Träume, unbewußter Ängste und Wünsche. Der Tierkreis des Mondes umfaßt die zwölf Zeichen

53

– wenn auch mit zusätzlicher Bedeutung – sowie ein dreizehntes, das Zeichen rein psychischer Kraft.«

Nach Voghs These liegt die wahre Bedeutung eindeutig im Zusammenhang mit der Geburt von Personen, die besonders empfänglich für übersinnliche Einflüsse sind. Er behauptet, daß die durchaus nicht abwegige und heute verlorengegangene Kenntnis des dreizehnten Zeichens in alten Zeiten weit verbreitet war, nach dem Mittelalter jedoch bewußt unterdrückt wurde.

Der Mond symbolisiert nicht nur die Mutter, die Frau und die Weiblichkeit allgemeinhin, sondern zudem das Seelenleben der Menschheit, jene rezeptive, einfühlsame Seite menschlicher Natur, die die Zustände der psychischen und astralen Welt aufnimmt und widerspiegelt. Seit altersher symbolisiert das Element Wasser (insbesondere die Meere) dieses Seelenleben. So wie die Gezeiten und Kreaturen des Meeres von den Mondphasen abhängen, lenken sie auch, weitaus stärker als wir es gegenwärtig wahrnehmen, die subtileren Gezeiten menschlichen Bewußtseins, sowie jene innere Welt, der wir bei der Geburt ins physische Leben entsteigen, und in die wir uns während des Schlafes und des Nicht-Bewußtseins sowie beim Tode des physischen Körpers zurückziehen.

Im lunaren Tierkreis erkennen wir nicht nur die vier Elemente Feuer, Erde, Luft und Wasser, sondern noch ein weiteres, viel zarteres Element, den Äther, der sich vor allem durch das dreizehnte Zeichen manifestiert. Dieses Zeichen liegt zwischen Stier und Zwilling und verbindet so die Qualitäten von Venus und Merkur, jener Planeten, die mit dem Herzchakra assoziiert sind. Von dort aus reicht eine Linie rein weißen Lichtes hinauf zu den Himmelssphären, eine Kommunikationsverbindung, die jede Seele auf ihrem Weg zu leiten vermag.

Im Zuge seiner interessanten Nachforschungen entdeckte James Vogh, daß Mysterienschulen überall auf der Welt dieses

dreizehnte Zeichen kannten und ihm in der griechischen Mythologie die Göttin Ariadne zugeordnet wird. James Vogh schreibt:
»Die minoischen Griechen nannten sie Ariadne, was soviel bedeutet wie ›höchst makellos‹. Als seefahrendes Volk erkannten sie ihre Macht, die Gezeiten wie an einem unsichtbaren Faden herbeizuziehen, und vermuteten, daß sie ebenfalls das Auf und Ab menschlicher Angelegenheiten heraufbeschwöre.

Der Faden der Ariadne gehört zu den großen magischen Instrumenten griechischer Mythologie und erwies sich als Schlüssel zu Theseus Führung durch die geheimnisvoll dunklen Windungen des Labyrinths. Dies wurde zur machtvollen Metapher aller Zeiten.«

Arachne, eine andere griechische Göttin, wirkte gleicherweise mit dem Faden. Stolz auf ihr Werk, wob sie die wunderschönsten Wandteppiche. Ihr Stolz bewog Athene, Göttin des Kampfes und der Weisheit, sie zu einem Wettstreit herauszufordern. Beide webten einen Teppich, und die Götter sollten das Ergebnis beurteilen. Unglücklicherweise für diese bevorzugten die Götter Arachnes Arbeit, die das dreizehnte Zeichen des lunaren Tierkreises darstellte. Athene erzürnte diese Beurteilung so sehr, daß sie Arachne in eine Spinne verwandelte, verurteilt, auf ewig zu weben. Doch die Götter hoben Arachne, die sich wie eine Spinne an einen Faden hing, in die Himmel empor und ihre Lichtfäden weben nun den Teppich menschlichen Karmas, die Lebensmuster der Menschheit auf dem Weg zu den Sternen. Die Spinnweben symbolisieren jene psychischen Verknüpfungen, welche die Seelen Leben um Leben solange aneinanderbinden, bis sich aller Haß in Liebe gewandelt hat, und bis alle Schulden abgetragen sind, so daß wieder Gleichgewicht herrscht.

Die Druiden nannten ihre Mondgöttin Arianrhod, die Frau vom Silbernen Rad (Mond), die mit ihrem Wagen die Himmel umrundet. Ihre Zügel wirken wie der Faden der Ariadne, Lichtlinien, die die Seele auf ihrem wahren Pfad leiten. Dieses Bild erinnert ebenfalls an die Bhagavad Gita, in der Krishna den Wagen des Kriegers Arjuna lenkt.

Die Monate des Jahres stehen in Beziehung zu den Mondzyklen, was sich auch aus den Namen ableiten läßt. In den islamischen Ländern kennzeichnet das erste Sichtbarwerden der neuen Mondsichel nach Sonnenuntergang den beginnenden Monat. Zahlreiche andere Völker folgten diesem System der Zeitmessung.

Die Schwierigkeit mit dem lunaren Tierkreis besteht darin, daß er sich nicht dazu eignet, die Jahreszeiten auf dem Kalender zu markieren. Die Verbindung zwischen Sonne und Mond basiert auf einem Zyklus von neunzehn Jahren, in dessen Verlauf die Jahreszeiten ihre Kalenderstellung allmählich verändern. Aus diesem Grunde benutzen wir den solaren Tierkreis mit seinen zwölf Zeichen, der einen gleichbleibenden Jahresrhythmus sichert und zudem ein klares Bild des bewußten Selbst der Menschheit wiedergibt. Wie bereits erläutert, lassen sich die zwölf Zeichen durch ihre Elemente und Eigenschaften voneinander abgrenzen. Es gibt jeweils drei Zeichen im Element Feuer, Erde, Luft und Wasser sowie vier in jedem der verschiedenen Manifestationsarten – den kardinalen, fixen und veränderlichen Qualitäten. Charakter und Mentalität des Äußeren zeigen sich recht gut im solaren Tierkreis und können von Astrologen, die die intuitive Fähigkeit besitzen, planetarische Positionen zu analysieren und zu interpretieren, erläutert werden. Die Zeichen des Mondtierkreises besitzen dieselben Elemente und Qualitäten, doch tritt zusätzlich ein dreizehntes Zeichen in dem subtileren Element Äther hinzu. Es verbindet gewissermaßen die Essenz der übrigen vier Elemente, indem es eine ätherische Brücke zwischen Himmel und Erde errichtet. Es bringt Intuition und innere Führung, Eigenschaften, derer all jene Schüler bedürfen, die sich bemühen, auf der SEELEN-Ebene zu arbeiten. Jemand mag sich seiner Gefühle, die ihn zum Handeln treiben, keineswegs bewußt sein, doch der intuitiv veranlagte Astrologe kann ihm oft spezielle Hilfe auf einer anderen Ebene zuteilwerden lassen, indem er Sonnen- und Mondstellungen der Planeten miteinander vergleicht und ausbalanciert.

Die Konstellation Auriga, des Wagenlenkers, liegt nahe an der Ekliptik zwischen Stier und Zwilling (siehe Diagramm VIII). James Vogh hat bei seinen Nachforschungen zahlreiche Hinweise gefunden, daß diese Konstellation in enger Beziehung zu dem dreizehnten Zeichen steht, das auch als Arachne, die Spinne, bekannt ist. Umriß und Form des Spinnennetzes läßt sich mit dem Silberrad des Wagens der druidischen Mondgöttin Arianrhod vergleichen, die der Ariadne, der Weberin des seidenen Fadens ebenfalls sehr ähnlich ist.

Symbol dieses dreizehnten Zeichens, das wir im weiteren Arachne nennen wollen, ist das Kreuz inmitten des Kreises, ein Symbol, das wir eingemeißelt in alten Steinen überall auf der Welt entdecken. Es gilt als Zeichen der inneren Bruderschaften, die sich zu allen Zeiten unter dem Schutz des Mondes, der göttlichen Mutter, der Königin aller magischen Praktiken, zusammenfanden, um sich deren Gedankenkraft zu bedienen, die bei gewissenhafter Anwendung ihre Magie entfaltet, die Menschheit heilt und sie auf ihren Weg zur Wiedervereinigung mit Gott führt. Das Kreuz innerhalb des Kreises steht als astronomisches Symbol für die Erde.

Um dreizehn Zeichen in den Tierkreis von 360° einzupassen, muß jedes einzelne von 30° auf etwa 28° reduziert werden. Das zusätzliche Zeichen Arachne fügt sich in die letzten 5° des Erdzeichens Stier, in dem der Mond erhöht steht, und die ersten 23° des Zeichens Zwilling, beherrscht von Merkur, ein. Im vorangegangenen Kapitel haben wir die feinen, starken Eigenschaften der Venus assoziiert mit dem Herzchakra kennengelernt sowie des Merkur, der seine Kraft, Himmel und Erde miteinander zu verbinden, nur dann wirklich manifestieren kann, wenn die Seele vollkommen in Einklang mit dem Licht, der Christus-Sonne, steht. Merkur wirkt über den Verstand und das Nervensystem des Menschen. Sind diese völlig ruhig und werden vom inneren Licht kontrolliert, vermag die Christusflamme himmlische Führung zu vermitteln, um die Seele auf ihrem Weg durch die vielen Versuchungen und Prüfungen des Lebens hindurchzuleiten.

Wie zahlreiche Völker des Altertums, bewahrten auch die Druiden in ihren Steinkreisen kosmische Geheimnisse, die verlorengingen, als die Menschheit eine Stufe erreicht hatte, auf der die äußerlich sichtbaren Geisteskräfte zur Vollkommenheit entfaltet werden mußten, jene Kräfte, die zur Meisterung des täglichen Lebens und Erlangung technischer Geschicklichkeit vonnöten waren. Der aktive und geschulte Verstand zum Beispiel eines Studenten, Geschäftsmannes, Planers oder Forschers, trägt zur vollkommenen Entwicklung des Mentalkörpers bei. Doch Gedankenkonzentration und Bestrebungen auf mentaler Ebene können ebenso effektiv das Tor zu den feineren, magischen Mondmysterien schließen. Die alten Steintempel überall auf der Welt, so zum Beispiel die Steinkreise in Großbritannien oder die Pyramiden in Ägypten und Südamerika, wurden alle zu einer Zeit geschaffen, in der Priester und Weise noch in Einklang mit den kosmischen Kräften standen. Pythagoras faßte dies in die Worte »Gott geometrisiert«. Gesteuerte göttliche Gedankenkraft, die den Geist und die Seele jener Baumeister des Altertums durchströmte, half ihnen, die Geheimnisse des Universums in Stein zu übertragen. Ihre Weisheit lehrte sie, die magische Kraft der Sterne auf irdischer Ebene wirken zu lassen, die, eingetaucht in die Steine dieser Kreise, darauf wartete, von jenen zum Dienst aufgerufen zu werden, die in wahrer Seelenbruderschaft in Einklang schwangen; jene, die fähig waren, das göttliche Feuer in die Erde hinab- und aus ihr wieder emporzuziehen.

White Eagle hat diese »uralten geistigen Feuer« oft angesprochen, die vergraben in der Erde im Herzen Britanniens ruhen: das göttliche Feuer der spirituellen Sonne, herabgezogen in die Erde, die Steine durchdringend und tief in die heiligen Stätten eingesenkt, um auf den Ruf zu warten, zu gegebenem Zeitpunkt erneut wirksam zu werden. Dieses Herabziehen eines göttlichen Feuers in die Erde, um die Steine mit den Eigenschaften der Sterne zu erfüllen, symbolisiert auch das Einsenken des göttlichen Feuers in die Seele bei ihrer Geburt in einen physischen Körper. Dort liegt es fest im Basischakra verankert, im Element Erde, bewacht von Saturn. Dieses heilige Feuer, *Kundalini*, wartet, gleichsam eingegraben in Granit − in erstarrter Erde − auf den Augenblick, in dem die Seele erwacht und es frei gibt. Dann vermag es die Wirbelsäule emporzusteigen, wobei es jedes einzelne Chakra in leuchtender Schönheit erstrahlen läßt und energetisiert, jene planetarischen Energiezentren, die jeweils in der ihnen eigenen Tonart schwingen, wenn sie in den herrlichen Chor der Sternenmusik einstimmen.

Nach arbeitsreichen Wochen mentaler Studien über dieses Thema, zeichnete sich unerwartet und auf magische Art und Weise ein wunderbares Bild in meinem Bewußtsein ab. Auf geistiger Ebene erwachte die Erinnerung an eine Zeremonie in einem Steinkreis, der sich auf den Stern Capella ausrichtete. Diese Zeremonie fand zur Wintersonnenwende bei Vollmond statt. Zahlreiche Priester, Druiden, Adepten und weise Lehrer hatten sich eingefunden und um den Zentralstein inmitten des Steinkreises versammelt. Hinter jedem einzelnen Stein sowie außerhalb des Kreises standen Gruppen von Männern und

Frauen, die sich von einer ihnen unbekannten Kraft zu einem bestimmten Stein hingezogen fühlten. Es herrschte absolute Stille, während die Lehrer diese Menschen in schweigende Anbetung führten. Licht, in den wunderschönsten Farben, ging von den Lehrern aus, als ihre Gedankenkraft und ihre demütige Huldigung der Sonne die geschäftigen Geister und ängstlichen Herzen beruhigten und alle Seelen eins wurden in gemeinsamer Anbetung. Der wunderbare Stern schien größer zu werden, vergleichbar mit dem Stern zu Bethlehem. Seine Strahlen berührten jeden einzelnen Stein, besonders jenen im Zentrum, der sich zunächst in eine riesige Lichtsäule verwandelte und dann zum dauerhaften rein weißen Feuer wurde. Allmählich begann jeder der umstehenden Steine zu vibrieren und farbig aufzuleuchten, wobei er seine ihm eigene Note erklingen ließ – eine höchst magische Kombination von Klang und Farbe. Niederkniend neigten wir uns in stiller Anbetung zur Erde und gewahrten als schlichte Beobachter die Gegenwart gewaltiger Engelformen über den Steinen, die diese mit ihren eigenen Schwingungen göttlichen Willens, göttlicher Weisheit und Liebe durchtränkten. Mir wurde bewußt, daß diese Steine nicht nur zur Vorhersage astronomischer Daten aufgestellt worden waren. Ihre Anordnung sollte gewissermaßen einen Gralskelch bilden, ein Lichtzentrum, durch das die Erdenmenschen auf speziellen Lichtlinien mit den anderen Planeten und Sternen kommunizieren konnten. Unter einer derartigen Voraussetzung *gibt* es keinen Raum. Im weißen Stern im Herzen des Tempels, entflammt von göttlichem Feuer, schwang jeder Bruder in Einklang mit dem gesamten Kosmos und allem verfügbaren Wissen.

Die freigesetzten magischen Kräfte wirkten heilend, harmonisierend und lebenserneuernd. Doch man belehrte uns, daß sie ebenfalls zu zerstörerischen Zwecken eingesetzt werden könnten, und daß ihr Mißbrauch in der Vergangenheit die Zerstörung von Kontinenten und den Untergang von Zivilisationen verursacht habe. Daher sei es wesentlich, die Mondmagie zu verbergen und zurückzuhalten, bis die Entwicklung der Menschen der selbstsüchtigen animalisch-menschlichen Stufe entwachsen sei und sich auf dem Wege zur menschlich-göttlichen Ebene befände. Diese Stufe, auf die wir alle warten, wird dann anbrechen, wenn das Wassermann-Löwe-Zeitalter die brüderliche Liebe in den Menschenherzen erweckt, so daß das göttliche Selbst emporzusteigen beginnt.

5

Das geheimnisvolle Zeichen der Arachne

Jedes einzelne Kalenderjahr umfaßt stets mehr als zwölf, doch weniger als dreizehn Mondphasen. Einige Hilfsmittel waren notwendig, um Sonnen- und Mondjahr zu verstehen und einander anzugleichen. Es gibt numerische Probleme, die ohne Hilfe eines Taschenrechners leichter geometrisch als durch das Manipulieren von Zahlen zu lösen sind. Nach Professor Thom bedienten sich die Baumeister der Steinobservatorien bei ihrer Berechnung und Ausrichtung der Steine auf bestimmte Ziele stets des rechtwinkligen Dreiecks des Pythagoras. Er behauptet, daß die Erbauer von Steinkreisen mindestens sechs verschiedene pythagoräische Dreiecke kannten und benutzten. In Stanton Drew, nahe Avebury, verwendete man die Proportionen fünf zu zwölf zu dreizehn. James Vogh schreibt dazu in *Arachne Rising*:

»Das letzte Dreieck ist von besonderem Interesse, da es die Grundlage eines Sonnen-Mond-Rechners bildet. Ebenso wie die Pythagoräer suchten auch die Druiden geometrische Lösungen für numerische Probleme, und das 5:12:13-Dreieck bietet eine einzigartige Lösung des Problems der »Ausrichtung«, um Sonnen- und Mondzyklen aufeinander abzustimmen.

Die tatsächliche Anzahl der jährlichen Mondzyklen beläuft sich auf weniger als dreizehn (Linie AC im Diagramm VI), doch mehr als zwölf (Linie AB). Daher muß sie der Länge irgendeiner dazwischenliegenden Linie (AX) entsprechen.

In Zahlen ausgedrückt, ergibt sich ein äußerst kompliziertes

Ergebnis, da es auf eine Teilung von 365.2421954... durch 29.530588... hinausläuft. Auf geometrischem Wege jedoch löst sich die Frage in einfacher und direkter Weise: Nehmen wir an, BX sei gleich 3, dann ist AX gleich 12.36935..., das heißt, diese Gerade entspricht der angenäherten Anzahl jährlicher Mondzyklen.

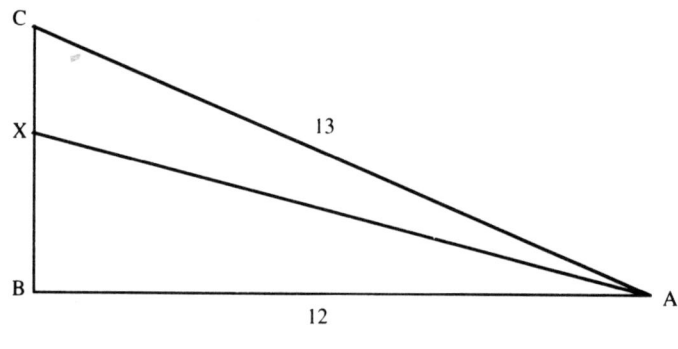

DIAGRAMM VI: Ein Sonne-Mond-Rechner, der auf dem pythagoräischen Dreieck mit den Proportionen 5:12:13 beruht. Die Länge der Linie AX gibt die Anzahl der Mondphasen im Verlaufe eines Sonnenjahres an (aus James Vogh, Arachne Rising)

»Angenähert?« Es handelt sich hier um die präzise Angabe der Anzahl Mondzyklen und zwar *für jede Zeitspanne in einem Zeitraum bis zu tausend Jahren.*

Das folgende Diagramm zeigt dasselbe 5:12:13 Dreieck, unterteilt in die zwölf Sonnenzeichen und dreizehn Mondzeichen. Die fünf Abschnitte der kurzen Seite verbinden wir mit den fünf Elementen – Erde, Wasser, Feuer, Luft und Äther –, die ihrerseits in Beziehung zu den Chakras, den psychischen Zentren, sowie zu den dazugehörigen Planeten stehen. Die Lebenserfahrung hinsichtlich der Wirkungsweise all dieser Elemente fördert unser allmähliches Einschwingen auf die planetarischen Engel.

Das pythagoräische Dreieck kann dem Astrologen nützliche Denkanstöße geben, wenn er die dreizehn Zeichen als Widerspiegelung des individuellen inneren Seelenlebens betrachtet und in ihnen die von der Geburt des Körpers bis zu seinem Tode erlernten Lektionen sieht, die, integriert in die inner-weltliche Erfahrung an der Gestaltung des SEELEN-Tempels wirken.

Bei einer erneuten Inkarnation wird die silberne Kordel, jenes Lichtband, das die SEELE mit der neuen Persönlichkeit verbindet, erst beim Tode des Körpers durchbrochen.

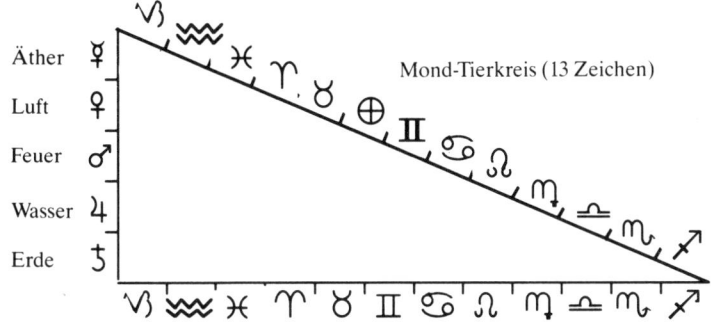

DIAGRAMM VIII: Der Tierkreis mit zwölf und dreizehn Zeichen

In dem Diagramm habe ich den Tierkreis jeweils mit Steinbock, dem Zeichen der Wintersonnenwende, der Wiedergeburt der Sonne, beginnend dargestellt, und habe die Planeten und Elemente in ein Ordnungsschema eingereiht, wie es den Chakras entspricht, von der Wirbelsäule bis zum Kehlkopf (wie in einem späteren Kapitel beschrieben), um zu zeigen, wie sich aufgrund der physischen Lebenserfahrungen das innere SEELEN-Leben (Mond-Tierkreis) allmählich entwickelt und die planetarischen Energiezentren, die Chakras, nach und nach aktiviert werden,

65

so daß die SEELE ihr eigenes planetarisches Universum gebiert.

Der Sonnentierkreis weist auf das physische Bewußtsein hin, jenes Selbst, mit dem wir im Licht des Tages vertraut sind. Der Mondtierkreis hingegen zeigt jenes verborgene Selbst, von dem unser bewußter Verstand kaum weiß und nicht die leiseste Vorstellung von den schlummernden Kräften besitzt, die darauf warten, entfaltet zu werden.

Die kurze Seite des Dreiecks demonstriert den aufwärtsstrebenden Pfad, der zu jenem umfassenderen Wissen führt, das die Seele erlangt, indem sie die Lektionen der Elemente lernt. Diese beginnen mit Saturn und dem Erdelement, Hinweis auf die Disziplin, die sowohl ein harmonisches Leben auf der physischen Ebene als auch die Entfaltung innerer Gaben durch den Dienst am Mitmenschen und dem Leben selbst erfordern. Den Abschluß bildet Merkur, der Götterbote. Er verleiht der Seele Flügel, um sie in das Herz der Sonne emporzuheben. Doch White Eagle lehrt, daß sich die entscheidende Seelenprüfung, die Erdeinweihung, in der Transformation des Erdelementes aus tiefster Finsternis in die ewige Schönheit des Sonnenkörpers ausdrückt − mit anderen Worten, die Vergeistigung des starren Granits in die Herrlichkeit des Sonnenselbstes. Er spricht von einer kommenden Zeit, in der die Erde selbst in eine so hohe Schwingung versetzt werden wird, daß sie den jüngeren Seelen der Schöpfung unsichtbar bleiben muß, ebenso wie es uns gegenwärtig versagt ist, die strahlenden Engelgestalten der Bruderschaft des Lichtes zu erblicken, die sich beständig unter uns aufhalten, um uns zu segnen und zu heilen, wenn wir empfänglich für ihre Harmonien sind.

Hat die Seele jene Stufe erreicht, auf der sie sich nach geistigem Verstehen und Licht auf dem vor ihr liegenden Pfad sehnt, beginnt der Einfluß des Tierkreises des Mondes mit seinem magischen dreizehnten Zeichen bewußter erkannt zu werden. Der Forschungsarbeit von James Vogh zufolge scheint Arachne mit der Konstellation Auriga, dem Wagenlenker, verknüpft zu sein, für deren Hauptstern, Capella, die Baumeister der alten Steinkreise außerordentlich großes Interesse zeigten. Voghs wissenschaftliche Untersuchung erweist sich als höchst kompliziert. Wir wollen sie daher in ihrem Wortlaut ausführlich wiedergeben.

Wie er bemerkt, ist es wesentlich, daß der von Arachne gewobene Wandteppich, der den Sieg errang, dreizehn Zeichen aufzeigt, die den Mondtierkreis symbolisieren. Nachstehend zitieren wir seine Beschreibung (die der Version der Geschichte nach Ovid folgt):

1. Jupiter, als Bulle, verführt Europa. *(Stier)*
2. Jupiter verfolgt Asterie. (?)
3. Jupiter verführt Leda, die ihm Zwillinge gebiert. *(Zwillinge)*
4. Neptun ist verkleidet als Flußgott. *(Krebs)*
5. Phöbus ist mit der Haut eines Löwen bekleidet. *(Löwe)*
6. Erigone, die Unberührte. *(Jungfrau)*
7. Danae wiegt Gold in ihrem Schoße. *(Waage)*
8. Jupiter als gefleckte Schlange. *(Skorpion)*
9. Geburt des Zentaur Chiron. *(Schütze)*
10. Neptun, der Meeresgott, verkleidet als Schafbock. *(Steinbock)*
11. Jupiter verführt die Tochter des Flusses. *(Wassermann)*
12. Jupiter, verkleidet als Delphin. *(Fische)*
13. Apollo, verkleidet als Hirte. *(Widder)*

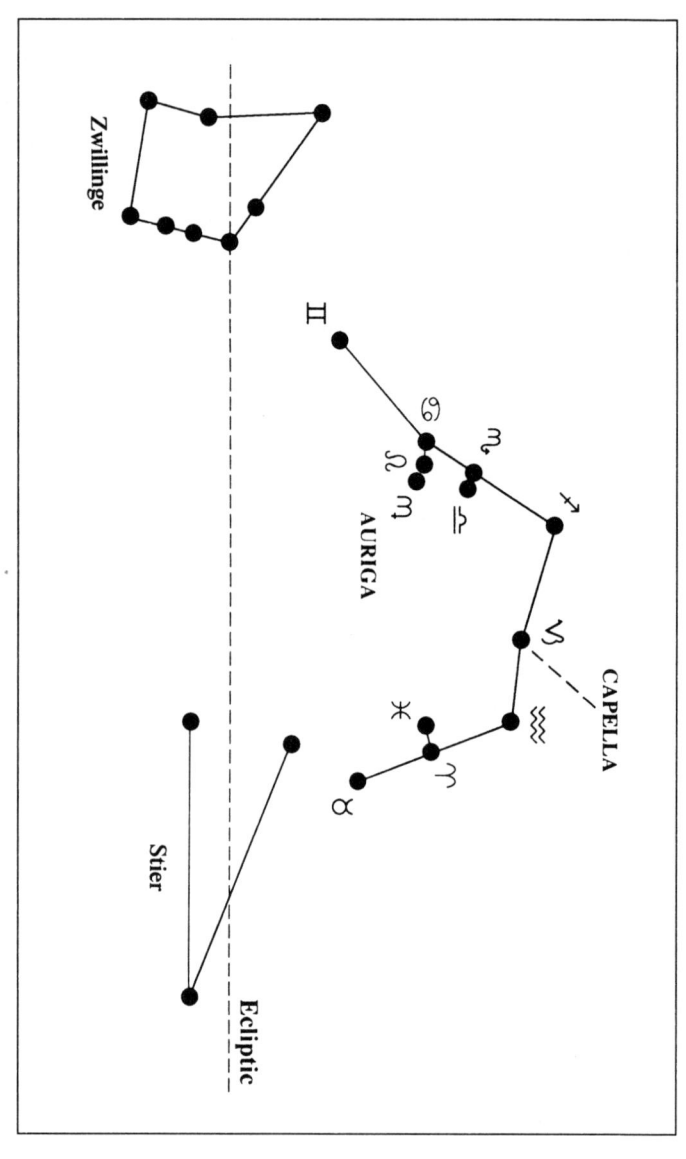

DIAGRAMM VIII: Die Himmelsstellung des Auriga

68

Es gibt dreizehn Zeichen, wobei das zweite als Asterie (›vom Sternenhimmel‹) verschleiert ist, woraus sich schließen läßt, daß man in der Konstellation bloß eine Gruppe wichtiger Sterne sah. Es scheint ebenfalls auf die Tatsache hinzuweisen, daß sich die Griechen des von Babylon übernommenen Zwölf-Zeichen-Tierkreises bedienten, bevor sie die dreizehn Zeichen der Kelten (der ›Hyperboreer‹) kennenlernten...

Da Arachne nur zwölf Zeichen deutlich in ihren Teppich webte, das dreizehnte ›vom Sternenhimmel‹ vielleicht für sich selbst besetzend, erhebt sich die Frage, ob sie in gewissem Sinne als Urheberin der anderen zwölf Zeichen gelten kann. Stellt also das Silberne Rad ein Modell des großen Rades des Tierkreises dar? Seine Konstellation besitzt genau zwölf Zeichen; es handelt sich um die einzige Konstellation in oder nahe der Ekliptik mit dieser Zahl. Bediente man sich gewissermaßen dieser Sterne, um den Zodiak darzustellen?

Wir können dies prüfen, indem wir willkürlich jedem Stern den Namen eines Zeichens des Tierkreises zuordnen. Logischerweise beginnen wir mit den Zwillingen, jenem Zeichen, das Arachne an der Stelle folgt, die den Zwillingen am nächsten liegt, und enden mit dem Stier. Die übrigen Zeichen fallen natürlicherweise in ihre richtige Anordnung. Verfahren wir auf diese Weise, fällt Steinbock, der Meeresziegenbock, auf den Stern Capella, was soviel bedeutet wie ›kleiner Ziegenbock‹. Er ist der einzige Stern in der gesamten Hemisphäre, der einen auch nur im entferntesten mit dem Ziegenbock verbundenen Namen trägt. Handelt es sich hier um ein zufälliges Zusammentreffen? Könnte die Konstellation der Spinne ein kleines Rad darstellen, welches das große Rad des Tierkreises ›lenkt‹? Das heißt, handelt es sich hier um eine Kraft, die in irgendeiner Form mit den Elementarkräften der Sterne in Zusammenhang steht? Sie mag sogar als Lenker oder Wächter des Tierkreises bezeichnet werden. Die Vorstellung erscheint abwegig, denn wir erwarten nicht, daß ein einzelnes Zeichen alle anderen beeinflußt. Doch sollten wir einen Wagenlenker vermuten, der ein riesiges Gespann mächtiger, stürmender, sich aufbäumender Pferde im Zaume hält oder eine Spinne, die die entferntesten Ränder ihres Netzes mittels Lichtfäden dirigiert?«

Die Vorstellung vom kleinen Rad, das das große des Tierkreises »lenkt«, erscheint besonders im Hinblick auf die Lehre White Eagles über das Gesetz der Entsprechungen bedeutsam sowie der Tatsache, daß das Individuum den vollständigen Plan des Kosmos in sich trägt. »Mensch, erkenne dich selbst und du wirst Gott und das Universum erkennen.« Könnte nicht dem Gesetz der Entsprechungen zufolge, die Konstellation Auriga und das Zeichen Arachne im Tierkreis des Mondes – dem SEE-LEN-Zodiak – dieses Miniaturuniversum in der Menschheit symbolisieren? Die Weisen der Vergangenheit, welche die Verantwortung für den äußerst genauen Bau ihrer mit Sonne, Mond und Sternen verbundenen Steinkreise trugen, wußten um das verlorengegangene Geheimnis, auf welche Weise jene göttliche, magische Kraft in das Herz der Erde herabgezogen werden kann, eine Kraft, die die Sterne und Planeten auf ihren Bahnen hält und Schicksal und Evolution der jenseits unseres sterblichen Vorstellungsvermögens liegenden Welten lenkt.

Die Evolution der Menschenseele zeigt sich, eingemeißelt in Stein, in Gestalt der Sphinx und wird durch viele andere legendäre Kreaturen, in der Darstellung eines menschlichen Torso auf tierischem Körper, symbolisiert; so zum Beispiel der Fischgott Oannes oder der Zentaur Sagittarius. Hat die Seele die Stufe rein physischen und animalischen Begehrens hinter sich gelassen und außerdem die mentalen Körper bis zu einem gewissen Grade entwickelt, erreicht sie einen Punkt, an dem sie sich nach tieferem Wissen und Weisheit sehnt – nach Licht auf dem

Pfad zum Verständnis Gottes und des Universums – um vom irdischen zum göttlichen Menschen voranzuschreiten.

Auf dieser Stufe strebt die Seele danach, in eine der inneren Mysterienschulen einzutreten – eine jener inneren, seit alters her mit Arachne verbundenen Bruderschaften, wo sie zu ihrem eigenen Lichtweg geleitet wird – zu ihrer unvergänglichen Verknüpfung mit dem innersten Leitstern ihres Seins – zu ihrem eigenen Polarstern. Mit Sicherheit wird dieser sie durch ihr eigenes Labyrinth hindurch in die goldene Welt Gottes führen. Musikliebhaber werden hier das Thema von Mozarts *Zauberflöte* erkennen, in der Pamino, der an seinem wahren inneren Licht festhält, in die Bruderschaft seines »Vaters« Sarastro aufgenommen wird und in die mystische Vereinigung mit seiner geliebten Tamina tritt.

Der Stern Capella, jener kleine Ziegenbock des Himmels, scheint mit Steinbock verknüpft zu sein, dem Erdzeichen des solaren Tierkreises – dem weihnachtlichen Sonnenwendzeichen zur Geburt des Christuskindes, des Sonnenkindes. Liegt hier der Grund dafür, daß so viele Steinkreise auf den Stern Capella ausgerichtet wurden, den Hauptstern des kleinen Tierkreises der Menschenseele, innerhalb des Mond-Tierkreises (der umsorgenden Mutter)?

Arachne webte den Teppich des Tierkreises, was eindeutig den Weg symbolisiert, auf dem die Seele über die Erfahrungen im Laufe zahlreicher Leben, in denen sie die Lektionen lernt und Prüfungen besteht, die jedes Zeichen des Tierkreises mit sich bringen, allmählich jenes Brautkleid spinnt und webt, das sie für die mystische Hochzeit vorbereitet – die Vereinigung des sterblichen mit dem unsterblichen Selbst, die das irdische Vehikel in ewiges Leben emporhebt. Die Mondgöttin Arachne mit ihrem seidenen Faden, der sie in die Himmel hinaufzog, wird als eine andere Form der minoischen Göttin Ariadne angesehen, deren Name soviel bedeutet wie »die, die Fäden spinnt«. Ariadne heißt aber auch, vollkommen makellos – der reine weiße Äther der Schöpfung –, und wiederum erkennen wir das Symbol der Evolution der menschlichen Seele im Verlaufe ihrer vielen Inkarnationen und unterschiedlichen Entwicklungsstadien. Wie Ariadne dem Theseus – dem Helden, der Pilgerseele – jenen magischen Seidenfaden reichte, der ihn durch das Labyrinth führte, um das Ungeheuer Minotaurus triumphal zu schlagen, so gibt die Erhabene Mutter jedem ihrer Kinder einen magischen, reinen seidenen Lichtfaden, sobald es in das Labyrinth irdischer Erfahrung eintritt. Dieser Seidenfaden hält die Verbindung mit seiner göttlichen Quelle aufrecht, während es sich durch die Verwirrungen und Frustrationen, die Prüfungen und Kümmernisse materiellen Daseins hindurchkämpft und sich schließlich mit dem Minotaurus, seinem niederen Selbst, auseinandersetzt, dessen Überwindung wir als den sogenannten Zweiten Tod kennen. Jede Seele muß letztlich lernen, die Elementarkräfte der niederen Natur unter Kontrolle zu bringen und zu verwandeln.

Das auf dem Mondtierkreis basierende Geburtshoroskop beschäftigt sich mit dem inneren Seelenleben, jenem Aspekt unseres Charakters, der den Mitmenschen verborgen bleibt und zu dem unser bewußtes Selbst oft keinen Zugang besitzt. Es mag sich daher als durchaus hilfreich erweisen, wenn wir es mit dem Solarhoroskop vergleichen, da ganz offensichtlich die Sonnen- und die Mondseite unseres Seins zusammenwirken. Die Bedeutung der Elemente und Eigenschaften bleibt dieselbe; zwei Faktoren kommen jedoch hinzu, das Zeichen Arachne mit seinem Element Äther sowie die besondere Bedeutung des dreizehnten Hauses.

Es muß betont werden, daß die Verwendung des Mond-Tierkreises das gebräuchliche Solarhoroskop in keiner Weise außer

Kraft setzt oder in Widerspruch zu diesem steht. Tatsächlich werden viele Menschen kaum auf seine feineren Schwingungen reagieren. Wird das übliche Solarhoroskop mit dem lunaren verglichen, mögen wir eine nur geringfügige Veränderung feststellen. Bisweilen jedoch ergibt sich eine recht auffällige Umgestaltung der Zeichen- und Häuserstellung, was das Horoskop in einem völlig neuen Licht erscheinen läßt und zu bemerkenswerten neuen Einsichten führen kann, insbesondere im Hinblick auf die spirituelle Entfaltung.

Der Mondtierkreis mit seinen dreizehn Zeichen bedarf einer ähnlichen graphischen Darstellung der Häuser, wobei das dreizehnte Haus genau oberhalb des Aszendenten zu stehen kommt, die Position des östlichen Sonnen- und Planetenaufganges, der im Solarhoroskop als letzter Teil des zwölften Hauses angesehen wird. Die jüngsten statistischen Forschungsarbeiten von Michael Gauquelin haben die Bedeutung der an dieser Stelle im Geburtshoroskop stehenden Planeten klar herausgestellt und gezeigt, daß sie mit Sicherheit eine führende Rolle im Leben spielen, indem sie alle anderen Konfigurationen dominieren. James Vogh beschreibt dieses dreizehnte Haus als »Haus der inneren Führung«, als jenen Abschnitt im Horoskop also, der auf die wahre Arbeit des inneren Selbst sowie die Aufgabe der Seele während des gegenwärtigen Lebens hinweist.

Die Ausdrucksweise »innere Führung« ruft die Entdeckungen von F. M. Alexander ins Gedächtnis, jenes großen Vertreters der Schule, die die Auswirkung von Körperhaltung auf physische Gesundheit und geistiges Wohlbefinden betont. Selbstexperimente (er litt an hartnäckigen Kehlkopfbeschwerden) führten ihn schließlich zu dem Ergebnis, daß der ausschlaggebende Punkt zur Kontrolle der Körperhaltung sowie die Heilung zahlreicher Gesundheitsprobleme zwischen Nacken, Schultern und Wirbelsäulenansatz liege – jenen Bereichen, die von Stier und

Zwillinge regiert werden und die in engem Zusammenhang mit den Lungen und der Atmung stehen. Korrekte Regulierung dieser Körperpartie nannte er »Hauptkontrolle«. Hier liegen vielleicht die Hinweise oder kleinen Ansätze dafür, wie dieser Teil des Tierkreises, das dreizehnte Haus und das dreizehnte Zeichen, die Gesamtverfassung beeinflussen kann.

Gewissenhafte Betrachtung eines Planeten, der ins dreizehnte Haus fällt (insbesondere nahe der Häuserspitze), vermag aufschlußreiche Hinweise auf ein besonderes inneres Drängen oder eine Seelenmission zu geben, die der bewußte Verstand nicht erkennt.

Ein besonders interessantes Beispiel für Gegensätze der planetarischen Stellungen im Solar- oder Lunarhoroskop zeigt sich im Falle des Prinzen Albert, des Gemahls der Königin Viktoria. In den beiden graphischen Darstellungen, die wir hier wiedergeben, kann man erkennen, daß im Lunarhoroskop Sonne und Aszendent von Venus zurück in den Löwen wandern, während der Mond sich vom Skorpion in die Waage bewegt. Die in ihrem eigenen Zeichen starke Sonne verdrängt hier Merkur als Herrscher des Aszendenten, und ihre Stellung im dreizehnten Haus zeigt, daß sie zusammen mit Venus die »innere Führung« darstellt, den Schlüsselfaktor im Leben des Prinzen Albert. Er war in der Tat ein König auf geistiger Ebene, auf äußerer Ebene jedoch der loyale Diener (Jungfrau) seiner geliebten Ehefrau. Die Stellung der Venus im Löwen im dreizehnten Haus ist ebenfalls bedeutsam. Der Mond wandert in die Waage und macht so Venus zur Herrscherin des Mondzeichens. Außerdem steht Stier, das andere Zeichen der Venus, an der Häuserspitze des zehnten Hauses, was auf den Beruf hinweist. Die Aspekte zwischen den Planeten sind in beiden Diagrammen dieselben. Im Geburtshoroskop eines Mannes deutet der Mond auf die Frau hin, hier in der Waage, dem Zeichen von Partnerschaft und

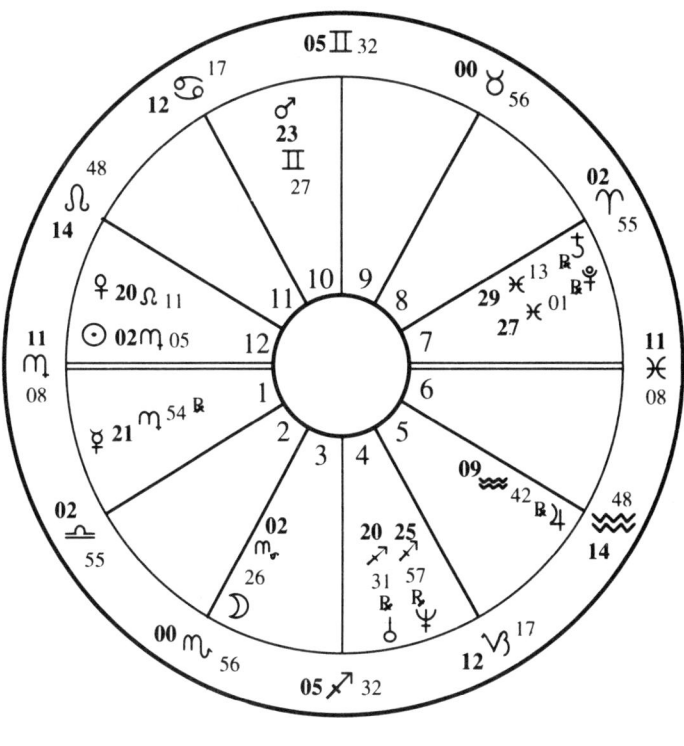

DIAGRAMM IX: Prinzgemahl Albert (Solarhoroskop)
26. August 1819: 6.08 GMT
COBURG, DEUTSCHLAND: 50N15, 10O58,
Topozentrische Häuser

Ehe; Venus regiert das zehnte Haus der Karriere. Zeigt dieses
planetarische Gleichgewicht auf innerer oder Seelenebene nicht
ganz eindeutig das Schicksal des Prinzen Albert an? Er besaß
alle Fähigkeiten zum wahren Monarchen, und seine Sonne im
feurigen Löwen deutet auf den inneren Lernprozeß, die Seelenlektion der Liebe – der aufopfernden Liebe. Doch ihre Stellung
in der Jungfrau, im Solarhoroskop, weist darauf hin, wie sich

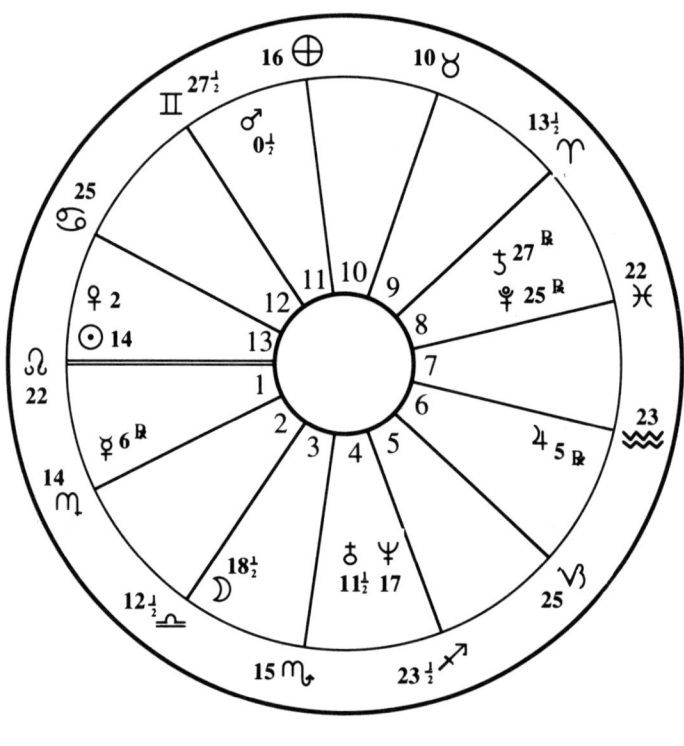

DIAGRAMM X: Prinzgemahl Albert (Lunarhoroskop)
26. August 1819: 6.08 GMT
COBURG, DEUTSCHLAND: 50N15, 10O58,
Topozentrische Häuser

seine tiefe Liebe im Dienst für seine geliebte Königsgemahlin äußerte. Während eines Lebens in hingebungsvollem Dienst wurde
er zweifellos zur Macht hinter dem Thron – eine Tatsache, die
erst nach seinem Tode deutlich zutage trat. So demonstrierte er in
seinem Leben ein Grundprinzip der Arachne, das »kleine Rad im
Hintergrund der Szene, das das große Rad des Staates lenkt«.

6

Saturn und die spirituelle Entfaltung

Wie wir bereits erwähnten, steht das in der Hauptsache saturnische *Wurzelchakra* mit den frühesten Stufen der Seelenentwicklung in Zusammenhang, vergleichbar mit dem physischen Wachstum des Säuglings im Mutterleib. Im Laufe des ersten Schwangerschaftsmonats beginnt das kleine Herz zu schlagen und kräftiger zu werden, während die Skelettstruktur allmählich Form annimmt. Saturn und Sonne regieren gemeinsam Herz und Knochengerüst, insbesondere die Wirbelsäule, Kanal des Rückenmarks, dem die Hauptnerven entspringen.

Saturn, polares Gegenüber von Sonne und Mond (Symbole des ewigen Geistselbst und der gegenwärtigen Erdenpersönlichkeit), umfaßt den ersten Entwurf − den Grundplan, das Karma − einer jeden Inkarnation, ebenso wie er die Verantwortung für das den Körper stützende Skelett und die Haut, dessen äußerste Begrenzung, trägt. In der Geheimwissenschaft besitzen die verschiedenen Wirbelsäulenabschnitte ihre spezifische Bedeutung für die Entwicklung des Sonnenkörpers. Sie stehen mit den Chakras oder Energiezentren im Ätherkörper in Verbindung, die mit Wachstum und Entwicklung feinstofflicherer Körper verknüpft sind und die es der Seele ermöglichen, ungehindert auf allen Bewußtseinsebenen zu funktionieren − von der physischen bis hin zur himmlischen.

Die wunderschönen allegorischen Bilder der Johannes-Offenbarung betreffen nach White Eagles Worten mehr die inneren seelischen Erfahrungen und Prüfungen, die mit der Entwicklung dieser Energiezentren einhergehen, als die unheilvollen Weltuntergangsprophezeiungen. Das Ende der Welt bedeutet das Ende der Reise, die die Seele durch die niederen Ebenen ihrer eigenen selbstsüchtigen Begrenzungen führt; White Eagle nennt es »den Zweiten Tod«.

Die Wirbelsäule umfaßt dreiunddreißig Segmente oder Wirbel, eine Zahl mit anscheinend okkulter Bedeutung. Jesus erreichte ein Alter von dreiundreißig Jahren; die Regierungszeit Davids betrug dreiunddreißig Jahre; die Freimaurer kennen dreiunddreißig Erleuchtungs- und Einweihungsgrade. In der Geheimwissenschaft heißt es, daß die Wirbelsäule den direkten und engen Pfad repräsentiere, der zu Freiheit und spiritueller Meisterschaft führe, eine Jakobsleiter zwischen Himmel und Erde.

Die Anzahl der Knochen in jedem der fünf einzelnen Wirbelsäulenabschnitte scheint im göttlichen Plan für die Gestaltung des Sonnenkörpers, für den Entwurf des Tempel des Neuen Jerusalem von Bedeutung zu sein (siehe nachfolgendes Diagramm). Die vier unteren Wirbel stehen mit den niederen Chakras in Verbindung und sind zur Entwicklung physischer Fertigkeiten sowie der Bemeisterung der Umwelt von Belang. Sie kennzeichnen die erste Stufe erwachenden Gottesbewußtseins. Sie schulen die Seele, sich für die Schaffung besserer Lebensbedingungen aller Stoffe ihrer Umgebung zu bedienen, mit der Gemeinschaft in Frieden zu leben und physische sowie mentale Qualitäten und Bestandteile einer jeden Zivilisation zu entfalten.

Der Scheitel-SAHASRARA-Kosmisches Bewußtsein

Vierte Stufe:

DIE KOPFZENTREN

Die Brauen ☻ *(ajna)*
Obere Stirn ☻ *(lalata)*
Hirnzentrum ☻ *(soma)*

Wenn wir an die Kopfzentren denken, verwechseln wir leicht den vordergründigen Verstand mit dem Erwachen innerer Schau und der Entfaltung kosmischen Bewußtseins, der eigentlichen Funktion dieser Zentren. Bewußtseinserweiterung, assoziiert mit dem Scheitelchakra, das wir als das Aufblühen des tausendblättrigen Lotus – *sahasrara* – unmittelbar oberhalb der Hirnschale bezeichnen, resultiert aus der Kulmination, dem Verschmelzen der Energien aller übrigen Chakras, sobald diese vollkommen aktiviert worden sind und in absolutem Gleichgewicht miteinander stehen. Hierin liegt das höchste Ziel des Pilgers auf dem geistigen Pfad: jene Einheit mit dem göttlichen Selbst zu finden, in der jedes Empfinden von Trennung dahinschmilzt, Ziel und Ende aller spirituellen Schulung.

Dritte Stufe:

BEWUSSTHEIT DER   ☻   KEHLKOPF
HIMMLISCHEN WELT   ●   CHAKRA
7 Zervikal-(Nacken- Hals)Wirbel   ●   (VISUDDHA)
verknüpft mit den sieben   Element: Äther
Planeten und der fortge-   ● Modus/Qualität: Veränderlich
schritteneren Stufe geistiger   ●   Sinn: Hören
Entfaltung entlang der ver-   ●
schiedenen planetarischen Strahlen.

79

Zweite Stufe:
BEWUSSTHEIT DER
SEELENWELT – ASTRAL-
UND MENTALEBENEN

⊙ HERZCHAKRA
● (ANAHATA)
● Element: Luft
● Modus/Qualität: fixiert

12 Brustwirbel mit dazugehörigen Rippen, die Herz und Lungen schützen. Verknüpft mit den zwölf Zeichen des Tierkreises und den

● Seelenlektionen der Elemente,
● die die Seele lernen muß, sobald sie bewußt »den Pfad« zu
● geistiger Freiheit und Erleuchtung betritt.

Das Zwerchfell

Erste Stufe: ⊙
BEWUSSTHEIT DER   ● SOLARPLEXUS
PHYSISCHEN UND   ● MANIPURA UND
ÄTHERISCHEN WELT   ● SURYA CHAKRAS

5 Lendenwirbel: Astral-bzw. Modus/Qualität: kardinal
Wunschkörper – Ehrgeiz, Enthusiasmus, Energie, feurige ● Sinn: Sehvermögen
Liebe und Haß.

5 Kreuzwirbel: Ätherkörper, ● SAKRALCHAKRA
sterblich und unsterblich – ● SVADHISTHANA
übersinnliche, rezeptive Kreativität auf allen Ebenen. Der ● Element: Wasser
unendliche Ozean ätherischen ● Modus/Qualität: Veränderlich
Lebens. ● Sinn: Geschmack

5 Steißwirbel: die physische ● WURZELCHAKRA
Welt mit allem, was dazugehört. ● (MULADHARA)
Ernährung und Verdauung, ● Element: Erde
Ausscheidung. ● Modus/Qualität: fix
● Sinn: Geruch

Das Steißbein

Die Zahl Vierzehn trägt ebenfalls okkulte Bedeutung. In den ägyptischen Mysterien zum Beispiel, wurde der Körper des ermordeten Osiris in vierzehn Teile geteilt und über das Land Ägypten verstreut. Isis (Symbol des Mondes, der göttlichen Mutter) sammelte diese Stücke nach und nach, damit sie geheilt werden konnten, um als auferstandener Sonnengott wieder zum Leben erweckt zu werden.

In einer seiner inneren Lehren hat uns White Eagle erklärt, daß die Geheimwissenschaft auf den Köper mit all seinen Wünschen und Begierden, die ihn in die Knechtschaft zwingen, oft als »Land Ägypten« bezeichnet wurde, aus dem sich die Kinder Israels (die Kinder des Ra, Kinder der Sonne) befreien mußten. Symbol des untersten Chakras ist der vierblättrige Lotus, der ein Quadrat (oder Kreuz) bildet. Dies deutet auf die Gefangenschaft des goldenen Samenkornes in der Materie — der Trägheit der Erdzeichen — hin, auf jenes solare Feuer, das erweckt und stufenweise die Wirbelsäule emporgezogen werden muß, um jedes einzelne Chakra zu vitalisieren und die Seele auf jeder Stufe des Seins zu erleuchten. Interessanterweise besitzt der unterste Wirbelsäulenabschnitt, das Steißbein, vier miteinander verwachsene Knochen.

Den vier Steißbeinknochen folgen im Lenden- und Sakralbereich zwei Abschnitte mit jeweils fünf Wirbeln. Diese beiden Fünfergruppen erinnern an die Zehn Gebote, jene Verhaltensmaßregeln für die »Kinder Israels« (Kinder der Sonne, des Ra), die Moses gegeben wurden, als er sie aus dem Land Ägyptens führte. Sie erinnern ebenfalls an die fünf *yamas* und *niyamas* des Patanjali, jene großen Disziplinen, die die ersten Stufen zur Schulung des Yogi bilden.

Die *yamas* und *niyamas* werden ausführlicher in *Yoga of the Heart* von Jenny Beeken beschrieben, an dieser Stelle soll lediglich eine kurze Zusammenfassung gegeben werden. Die Disziplinen offenbaren sich auf jeder Seinsstufe, vom physischen Bereich bis hin zum höheren mentalen und himmlischen und jede einzelne enthüllt daher bei näherer Betrachtung eine tiefere Bedeutung. Sie sind Ausdruck der ersten wesentlichen Stufen spiritueller Suche, die zur Transformation vom menschlichen zum göttlichen Bewußtsein führen.

In den *yamas* erkennen wir die universalen Moralprinzipien: 1) Gewaltlosigkeit; 2) Wahrheit; 3) Nicht-Stehlen; 4) Zölibat* und 5) Besitzlosigkeit (vergleichbar mit den letzten fünf Geboten in der Bibel).

Die *niyamas* entwachsen dem ständigen Bemühen, diese Prinzipien im täglichen Leben zu beachten. Sie lauten: 1) Reinheit von Körper, Geist und Herz; 2) Zufriedenheit und Ruhe; 3) seelische Kraft und Enthusiasmus; 4) Selbsterkenntnis – »Mensch erkenne dich selbst und du wirst Gott und das Universum erkennen«; 5) Hingabe allen Denkens und Handelns an Gott, der Wille, Gottes Willen zu wollen.

Die Zahl Fünf scheint in unserem Körperbau, mit seinen fünf Sinnen, fünf Wirbelgruppen, fünf Fingern und Zehen, eine wesentliche Rolle zu spielen. Sie soll uns stets an die fünf großen Gesetze erinnern, die das menschliche Leben beherrschen.

Fünf ist die Zahl des Planeten Merkur, des Götterboten, der der Sonne am nächsten steht. Die feineren Schwingungen dieses Planeten liegen zum gegenwärtigen Zeitpunkt weit jenseits des Fassungsvermögens vieler von uns. Doch sein Einfluß erweckt uns schließlich zur voll bewußten Erkenntnis unserer Einheit mit der universalen Sonne, dem Kosmischen Christus. Dann wird der Geist Gottes das menschliche Bewußtsein und jede einzelne Zelle jenes herrlichen menschlichen und solaren Körpers

---

* Dieses Wort ist eine gebräuchliche Übersetzung aus dem Sanskrit. Die Ausdrucksweise »Ehrfurcht vor der inneren, kreativen Lebenskraft« entspricht der eigentlichen Bedeutung vielleicht besser.

durchstrahlen und ihn in jugendlicher Kraft und Freude erhalten. In der Hindu-Tradition wird jedem Chakra sein eigenes Mandala zugeordnet. Es basiert auf der Kreisform und weist somit auf den Energiewirbel hin. Dieser erhebt sich nicht aus der physischen Wirbelsäule heraus, sondern aus derem ätherischen Gegenstück (dem Ätherkörper, der den physischen völlig durchdringt). Hellsehend betrachtet gleichen die Chakras einer spirituell entwickelten Seele eher farbig leuchtenden, vibrierenden Blüten, die aus der ätherischen Wirbelsäule herauswachsen. Je höher die Stufe geistigen Erwachens infolge selbstloser Liebe und hingebungsvollen Dienens ist (allerdings nicht durch Übungen, die sich ausschließlich auf das Selbst konzentrieren, oder durch umfangreiche Lektüre), desto stärker vibrieren diese »Blüten« in Licht und Farbe und umhüllen jeden, der in die Aura einer solchen Seele tritt, mit heilendem Frieden. Andererseits können die Chakras in einem bisher noch unerwachten Menschen wie trüb glimmende Scheiben erscheinen.

In den Mandalas wird jedes Chakra als Kreis dargestellt, der eine Lotosblume mit unterschiedlicher Anzahl von Blütenblättern enthält, wobei die jeweilige Zahl der Blätter ihre eigene Bedeutung besitzt. Jedem Chakra wird außerdem eine maskuline oder feminine Gottheit sowie ein Tiersymbol zugeordnet. Aus astrologischer Sicht gehört zu jedem Chakra ein Element, und für jedes Element gibt es drei Zeichen. Viele dieser Zeichen gründen sich auf Tiersymbolen, während die sie regierenden Planeten auf römische, griechische und ägyptische Gottheiten zurückzuführen sind. Betrachten wir den Einfluß des herrschenden Planeten der einzelnen Chakras, erkennen wir ebenfalls eine polare Verknüpfung mit dem Herrscher des gegenüberliegenden Zeichens – das heißt, für Saturn mit Sonne und Mond, für Jupiter mit Merkur und für Mars mit Venus, eine Polarität, vergleichbar mit den beiden Göttern östlicher Symbolik.

Eine weitere Wahrheit verdeutlicht die symbolische Verbindung zwischen Chakra und Tier (an anderer Stelle werden wir näher darauf eingehen). Hieraus geht eindeutig hervor, welche entscheidende Bedeutung ein gesundes, starkes physisches oder animalisches Leben besitzt, da sich auf dieser Grundlage zuerst die menschlichen Werte, später dann die göttlichen entwickeln. In der ägyptischen Tradition erkennt man das gleiche Muster in der Sphinx, deren menschlicher Oberkörper dem Tierkörper entspringt. Derartige Symbole finden wir auch in der griechisch-römischen Mythologie. Einige klassische Statuen und Monumente tragen Flügel, was auf das der menschlichen Bewußtseinsebene entwachsende göttliche Selbst hinweist.

Die Chakras bilden im allgemeinen zwei Dreiecke, die durch das Zwerchfell, jenen schirmförmigen Muskel, der bei der Regulierung des Atems eine äußerst wichtige Rolle spielt, voneinander getrennt sind. Yogis sehen in dieser Trennlinie eine Brücke zwischen dem inneren und äußeren Körper – dem physischen und dem seelischen Leben. Das obere Dreieck, die Haupt- und Nebenchakras, die mit Herz, Kehle und Kopf verbunden sind, sind mit dem geistigen Erwachen sowie der Entfaltung der feinstofflicheren Körper verbunden, die unter dem Einfluß der sonnennahen Planeten Venus und Merkur stehen. Die drei Chakras unterhalb des Zwerchfells, die als unteres oder Basisdreieck bekannt sind, versinnbildlichen das Erdenleben mit seinen Wünschen und Bestrebungen.

Philosophen des Mittelalters sahen in dem unterhalb des Zwerchfells liegenden Körperteil eine Verbindung zur Elementalwelt mit ihren stürmischen Emotionen und Konflikten oder einen schmutzigen Morast, der die Seele unter der Last von Depression und Verantwortung nahezu erstickt. Erde und Wasser bilden Schlamm, Feuer und Wasser bilden Dampf. Doch alle schaffen sie eine Kraft, die das Seelenwachstum anregt. Das mystische Labyrinth, das geradezu universell okkulte Bedeutung zu besitzen scheint, symbolisiert die vielen Windungen des Verdauungstraktes, die in diesem niederen Dreieck zum Ausdruck kommen. Das Ringen der Seele mit den Begierden, Emotionen und Trieben des niederen Selbst wird in dem tödlichen Kampf des Helden Theseus mit dem Minotaurus im Herzen des Labyrinths dargestellt. Bemerkenswerterweise stehen die Planeten Mars, Jupiter und Sonne-Mond den von ihnen regierten Feuer- und Wasserzeichen zur Seite, wobei die Sonne als positiver Herrscher ihres eigenen Zeichens Löwe und der Mond als Regent seines negativen Wasserzeichens fungiert. Beide werden von Saturn, Herrscher des Erdzeichens Steinbock sowie des luftigen Wassermanns, polarisiert.

Das Herzchakra liegt als erstes direkt oberhalb des Zwerchfells und ist verbunden mit dem Element Luft und damit den Zeichen Waage, Zwilling und Wassermann. Im Gegensatz zu den unteren Chakras fällt bei diesen drei Zeichen das Fehlen eines Tiersymbols auf, obgleich das östliche Mandala die schwarze Antilope zeigt, leichtfüßig und ruhelos. Die Waage (in deren Schalen die Seele am Ende einer jeden Inkarnation gewogen wird), scheint mit den ägyptischen Mysterien verknüpft zu sein. Vielleicht kann man die Justierung der Waagschalen, die schon das Gewicht einer Feder anzeigen, mit den leichten, flüchtigen Bewegungen der Antilope vergleichen. Die beiden menschlichen Symbole unter den Luftzeichen, Zwillinge, das himmlische Doppel, und Wassermann, der Mann mit dem Wasserkrug, führen die Seele schließlich zur Quelle ewigen Lebens.

Die Erhöhung des Saturn im Venuszeichen der Waage, hält die bewertenden Waagschalen; das Beurteilungsprinzip ist stets gleich — wurden die beiden Hauptgebote beachtet, von denen Jesus sagt, daß jedes Gesetz auf sie zurückgeführt werden könne:

Du sollst den Herrn, deinen Gott, lieben, aus ganzem Herzen und ganzer Seele, mit all deinem Geist und deiner Kraft; und du sollst deinen Nächsten lieben, wie dich selbst.

Markus 12:30-31.

Im *Johannesevangelium* hat White Eagle diese Worte folgendermaßen ausgelegt:

»Des Menschen Geist richtet sich in Anbetung direkt auf Gott, sein Herz berührt sanft die gesamte übrige Schöpfung, insbesondere die menschliche. Blitzartig erkennt er sein Eins-Sein mit Gott. Er weiß, ist Gott in ihm, so ist er auch in seinem menschlichen Bruder. Findet der Mensch im Allerheiligsten seiner eigenen Seele Gott, dann weiß er, daß sein Mitmensch in gleicher Weise erschaffen wurde und an demselben heiligen Licht teilhat wie er selbst, das, wenn auch noch nicht erwacht, so doch existiert und wartet. Dazu bedarf er keiner Lehren. Er weiß, wenn er seinem Bruder Liebe schenkt, so hilft er ihm nicht nur, die praktischen Alltagsprobleme zu meistern, sondern auch dabei, zum ewigen Gottesbewußtsein zu erwachen.«

Tief in jedem Herzen führen die Engel des Merkur (Zwillinge) und des Saturn (Wassermann) genau Buch darüber, inwieweit das niedere Selbst diese einfachen Gesetze der Liebe akzeptiert und sich bemüht hat, ihnen entsprechend zu leben. Wenn nach einer Periode der Ruhe und Erneuerung in den höheren Welten die Seele für einen weiteren Tag irdischen Lebens zurückkehrt, ist die spezielle, aufzunehmende Lektion im Herzensinneren aufgezeichnet.

Im Geburtshoroskop repräsentiert die Sonne (Herrscherin des physischen Herzens) nicht nur den irdischen Vater, sondern auch jenen individuellen Geist, der für eine Periode der Arbeit und Erfahrung aus den höheren Welten herabsteigt. White Eagle lehrt, daß die Sonnenstellung im Tierkreis stets auf die

86

tieferliegende, innere Lektion hinweist, die die Seele lernen will, den eigentlichen Zweck der Inkarnation. Der Mond repräsentiert in jedem Horoskop sowohl die göttliche als auch die irdische Mutter, aber auch jenen femininen Seelenaspekt, der – durch die Erfahrungen und emotionalen Reaktionen auf die Alltagsgeschehnisse insbesondere innerhalb der Familie – Bausteine für die Gestaltung des ewigen Seelentempels sammelt.

Saturn weist den Weg der Disziplin, den die Seele gewählt hat: durch die Erdzeichen lehrt er Geduld, Ausdauer und das Annehmen von Verantwortung, durch die Wasserzeichen Disziplinierung der Emotionen, möglicherweise infolge von Frustration der emotionalen Seite der Natur oder belastende familiäre Verantwortung, durch die Feuerzeichen Disziplinierung übereifriger selbstsüchtiger Bestrebungen und Ehrgeiz, was in Hingabe und aufopfernder Liebe mündet, durch die Luftzeichen Disziplin des Verstandes sowie weise Führung der Gedankenkraft, um Harmonie und Schönheit im Leben zu schaffen. Bei Horoskopinterpretationen können Unterschiede in den Tierkreiszeichen von Sonne, Mond und Saturn der solaren und lunaren Darstellung Aufschluß über zu lernende tiefere Seelenlektionen oder besondere karmische Umstände geben. Ein Vergleich beider Horoskope kann zu höchst interessanten und hilfreichen Ergebnissen führen.

Die Symbolik der Astrologie vermag uns ein Verständnis für jene universalen geistigen Wahrheiten zu vermitteln, die Lehrer und Weise zu allen Zeiten auszudrücken versuchten, sei es in Parabeln, Mythen oder Legenden, je nach Bedarf ihres eigenen Volkes und Zeitalters.

Obgleich sich während jeder Inkarnation die Seelenenergien speziell auf die Entwicklung des einen oder anderen feinstofflichen Körpers konzentrieren mögen, schließt dies nicht den Gebrauch oder das Wachstum bereits bestehender Körper aus.

Eine Pflanze oder ein Baum hört nicht auf, neue Blätter und Schößlinge hervorzubringen und sein Wurzelwerk auszudehnen, nur weil sich eine Blüte bildet. Es wird immer ein allgemeines Wachstum geben, doch mit besonderer Energiekonzentration auf die Blüte. Oftmals jedoch mag die Seele vor dem Eintritt in eine Inkarnation die Notwendigkeit erkennen und akzeptieren, gewisse Fähigkeiten, die in der Vergangenheit vielleicht überentwickelt wurden, abzublocken, um intensiver an einem anderen Seinsaspekt arbeiten zu können, der vollkommener manifestiert werden muß. In einem solchen Fall kehrt die Seele als eingeschränkte Persönlichkeit zurück, sei es auf emotionaler, Verstandes- oder physischer Ebene. Daher wäre es töricht, die Handlungsweise eines Mitmenschen zu be- oder verurteilen, denn wir kennen weder die besondere Aufgabe, die sich die Seele selbst gestellt hat, noch die inneren Prüfungen und Versuchungen. Der Zweck wiederholter Inkarnationen besteht darin, vollkommenes Gleichgewicht zu erlangen, die Vereinigung der beiden Dreiecke, die mystische Hochzeit.

White Eagle erläutert dazu:

»Die mystische Hochzeit zwischen dem Lamm und Gott symbolisiert die Vereinigung der Kollektivseele des Menschen, der seinen Weg mit den Erdenerfahrungen beendet hat, mit dem Geist, Gott, zwischen dem vollkommenen Einen, dem Lamm, erhoben zur Braut und angetan mit »jenem feinen Linnen, der Rechtschaffenheit der Heiligen gleich«, mit dem Bräutigam oder Geist Gottes. Wenn wir dies vom Makro- auf den Mikrokosmos, vom Allgemeinen aufs Besondere übertragen, finden wir einen weiteren Hinweis auf die Verwandlung der lebensspendenden oder kreativen Zentren, auf das Verschmelzen, die Vermählung mit den höheren Zentren von Kehle, Herz und Kopf...

Der mystischen Hochzeit, der Erlösung eines Zyklus, folgend − der glorreichen Rückkehr − treten die Kräfte des Bösen zeitweilig außer Kraft, ihre Aufgabe ist erfüllt, und die Seelen der Erlösten streben in eine Herrlichkeit, die weit jenseits unseres Vorstellungsvermögens liegt. Dort ruhen sie aus und erfreuen sich der Früchte ihrer Ernte in Erwartung des Rufes und der Herausforderung zu einem höheren, neuen Abenteuer.

7

Das Muladhara Chakra (Wurzelchakra) und das Erdelement

In diesem Kapitel, das die Funktionen der einzelnen Chakras behandelt, wollen wir zu zeigen versuchen, wie unsere tägliche Lebenserfahrung und unser spirituelles Bemühen dazu beitragen können, die kosmischen Energien, die Lebenskräfte dieser physischen Zentren, harmonisch wirken zu lassen. Die Aura durchströmend, schenken sie Körper und Geist vermehrte Gesundheit und Vitalität und schaffen somit größere Harmonie im gesamten Leben.

Das Element eines jeden Chakras manifestiert sich mit seinen drei Ausdrucksformen und den dazugehörigen planetarischen Herrschern der Zeichen auf natürliche Weise als unsere mentale und emotionale Lebenseinstellung, physische Gesundheit und irdischer Lebensstil. Indem wir näher auf das Wirken dieser Zeichen und Planeten eingehen, wollen wir zeigen, wie wir die Werkzeuge gebrauchen sollen, die sie uns zur Ausgestaltung des ewigen Seelentempels reichen, dessen weise ausgelegtes Fundament fest in den täglichen Erfahrungen des Erdendaseins verankert sein muß.

Durch das Wurzelchakra besitzen sowohl Saturn als auch Mond (das polare Gegenüber zum Saturn) eine besondere Bedeutung. Sie verweisen auf das Herabziehen der jungfräulichen Seele in die irdische Inkarnation, das Herabziehen der Tochter der göttlichen Mutter, die immerfort unter ihrem Schutze steht.

Mars, erhöht im Steinbock, wird ebenfalls repräsentiert. All diese Planeten sind mit der Schaffung eines neuen physischen

Körpers verknüpft. Saturn, Herrscher des Steinbock, dominiert jedoch. Er liefert den Entwurf für die Möglichkeiten, Begrenzungen und Bürden des anstehenden Lebens, die die Seele bei der Besteigung des Berggipfels unterstützen sollen.

Bemerkenswert ist auch, daß Mars, Planet des Sonnenfeuers, im Steinbock erhöht ist, denn das Sonnenfeuer, die *Kundalini*, liegt eingeschlossen in diesem Erdzentrum, schlummernd, bis die Seele eine bestimmte Erfahrungsstufe erreicht hat. Dann beginnt es, die Wirbelsäule emporzusteigen, wobei es nach und nach jedes einzelne Chakra erweckt und energetisiert, bis schließlich alle in einer unvorstellbaren Herrlichkeit von Licht, Klang und Farbe vibrieren.

Der Osten besitzt große Kenntnis und Erfahrung hinsichtlich der *Kundalini* sowie zahlreiche Methoden, sie emporsteigen zu lassen. Wir dürfen jedoch nicht vergessen, daß Geist und physische Konstitution der Menschen des Ostens sich von denen des Westens in gewisser Weise unterscheiden. Angemessene Methoden für Schüler Indiens und Tibets müssen dem westlichen Geist und Körper erst angeglichen werden. Sicherer für den westlichen Menschen gestaltet sich ein Training, das in erster Linie auf dem Wege des Handelns und praktischen Dienens erfolgt − zu lernen, im Einklang mit dem Naturgesetz zu arbeiten, die Gesetze einer gesunden, harmonischen Lebensweise zu beachten. Ist dies zur Gewohnheit geworden und die Seele strebt himmelwärts, stellt sich eine stufenweise, gefahrlose und gesunde Anregung jenes Sonnenfeuers ein, das jedes einzelne Chakra erhellt, bis schließlich der ganze Körper in göttlicher Schönheit und Energie erstrahlt.

DAS MULADHARA-CHAKRA (Wurzelchakra)

Seelenlektion: Dienen
Element: Erde
Sinn: Geruch
Lotossymbol: Vier Blütenblätter

Die drei Erdzeichen sind Steinbock, der Ziegenbock, Stier, der Bulle, und (als einziges menschliches Zeichen) die Jungfrau, die Unberührte. Im traditionellen Mandala wird der Elefant mit diesem Chakra assoziiert. Auffallend ist, daß viele der stärksten Kreaturen auf der Erde Pflanzenfresser sind, jene Tiere, die gemächlich das Gras irdischen Lebens kauen und wiederkäuen. Über Jahrtausende hinweg dienten Bulle, Elefant und Pferd, die sogenannten Lasttiere, dem Menschen bei seinen schwersten Arbeiten. Hierin liegt das Sinnbild der Erdzeichen: Dienst auf jeder Ebene, von der gröbsten, mühsamsten Arbeit in und auf der Erde bis hin zur endgültigen Vollkommenheit des Sonnenkörpers durch dienende Liebe – die Vollendung des Seelentempels, in dem die Christussonne in ihrer ganzen Herrlichkeit erstrahlt.

Das Wurzelchakra befaßt sich vor allem mit dem physischen Körper, mit seinen Bedürfnissen, seiner Erhaltung sowie den praktischen Alltagsdingen. Menschen mit einer ausgeprägten Besetzung der Planeten in den Erdzeichen tendieren zu Realismus und Bodenständigkeit. Sie besitzen Organisationstalent und vermögen harmonische Bedingungen in Heim, Geschäft und Besitzverwaltung zu schaffen. Sie nehmen an den verschiedensten Aktivitäten teil, um dem physischen Dasein Behaglichkeit, Ordnung und Methodik zu verleihen.

Wir wollen die drei Erdzeichen näher betrachten:

Die Sonne durchwandert das kardinale Erdzeichen Steinbock zwischen dem 22. Dezember und 21. Januar.* Saturn, Herrscher des Steinbock, stellt nach der traditionellen planetarischen Ordnung den »planetarischen Gott« des Wurzelchakras dar, sein polares Gegenüber hingegen, der Mond, Herrscher des Krebs, wird mit dem Kopfzentrum in Zusammenhang gebracht, das in der hinduistischen Symbolik schließlich als der »tausendblättrige Lotos« erblüht und sich in der christlichen Tradition zur Braut Christi entfaltet, der »mit der Sonne bekleideten« Frau.

Sowohl Steinbock als auch Krebs befassen sich mit dem Familienleben. Die ihnen entsprechenden Häuser im Horoskop stehen für die Grundstruktur von Leben, Elternschaft und Heim sowie die Bedingungen für weltlichen Dienst und Erfolg. Bei jeder Inkarnation knüpft das höhere Selbst durch den Willen des Perfektionisten Saturn, der es auf die Erde herabzieht, die Verbindung zur physischen Ebene. Unter Anleitung dieses großen Seelenlehrers hat es jene Lebensbedingungen gewählt, die ihm die Vervollkommnung des ewigen Seelentempels ermöglichen, an dessen Gestaltung es in den Himmeln arbeitet. Steinbock und das zehnte Haus im Horoskop kennzeichnen den Vater, den dominierenden Elternteil, den Arbeitgeber sowie die zu erlangende weltliche Stellung, die von der Disziplin und Willensstärke der gegebenen angeborenen und karmischen Möglichkeiten abhängt.

In Indien, einer stark unter dem Einfluß des Saturns stehenden Nation, hat über Jahrtausende ein starres Kastenwesen geherrscht, das die soziale Stellung von der Geburt in eine bestimmte Familie ableitet. Mit Anbruch des Wassermann-Zeitalters löst es sich allmählich auf. In früheren Jahrhunderten

---

* Die hier und im weiteren angegebenen Daten beziehen sich auf einen typischen Jahreszyklus. Tatsächlich variieren sie geringfügig zwischen dem 20. und 24. eines Monats (im Falle des Februar dem 19.)

glaubte man jedoch, daß Seelen, die die Gelegenheiten im Verlaufe ihres Lernprozesses wahrnahmen und das Beste daraus machten, zum Dienst in die nächste höhere Kaste eintreten konnten. Fortschritt auf sozialer Ebene lief parallel zur geistigen Entwicklung der Seele, woraus sich ein wohlgeordnetes Muster ergab.

Diese Vorstellung von Fortschritt nach einem präzisen, methodischen Plan ist Teil des Steinbock-Temperaments. Unter diesem Zeichen geborene Seelen besitzen die Sachlichkeit des Erdelementes und − entsprechend ihrem Symbol, der Bergziege − verfügen sie zudem über den großen Ehrgeiz, den speziellen Berggipfel, den sie angepeilt haben, auch wirklich zu erreichen. Saturn, Herrscher dieses Zeichens, verleiht unbeugsame Willens- und Entschlußkraft, das einmal gesteckte Ziel zu erlangen, gepaart mit praktischem Verständnis für die zu überwindenden Schwierigkeiten und Hindernisse. Seelen, in denen sich dieser Einfluß auf feinster Ebene manifestieren kann, werden hart und unermüdlich im Dienste der Gemeinschaft arbeiten. Sie übereilen nichts und halten auch nicht Ausschau nach Abkürzungen, da sie die Notwendigkeit erkennen, auf fester, klarer Grundlage zu bauen, »auf einem Quadrat zu bauen«, wie es in der Maurersprache heißt, und zwar auf jeder Seinsebene, denn Saturn fordert Präzision und Perfektion bei seiner Manifestation. Diese Seelen können solche Perfektionisten sein und ihren Weg so entschlossen verfolgen, daß sie zu unnachgiebigen und rücksichtslosen Arbeitgebern werden, sowohl sich selbst als auch ihren Untergebenen gegenüber. Sie sind harte aber durchweg gerechte Manager, Arbeitgeber und Lehrer, die von ihren Mitarbeitern und Schülern das Äußerste erwarten.

Steinbockmenschen mit Veranlagung zu solchem Perfektionismus geizen mit Lob und belohnen jene, die ihnen dienen, nur dürftig, denn sie denken wirtschaftlich und sind vorsichtig. Das läßt sich weitgehend auf eine Angst vor der Zukunft und auf die Möglichkeit zurückführen, von anderen unter Umständen abhängig zu werden. Für den stolzen, unabhängigen Geist wäre das eine nicht zu tolerierende Situation. Dem echten Saturnkind bereitet es Schwierigkeiten, um Hilfe zu bitten oder, im übertragenen Sinne, auf die Knie zu gehen. Saturn, Planet der Begrenzung, Kristallisation und Konsolidierung, setzt die Schranken, innerhalb derer die Seele arbeiten muß. Durch Steinbock regiert er die Haut — die äußere Begrenzung des physischen Körpers — und das Knochengerüst, insbesondere die Knie — was vielleicht den unumgänglichen Lernprozeß der Seele symbolisiert, niederzuknien und um die Führung und Hilfe Gottes zu bitten. Starre Unabhängigkeit und stolzer Eigenwille werden mitunter zu riesigen Stolpersteinen, die sich dann in Problemen wie zum Beispiel Arthritis (besonders in den Knien) äußern kann.

Die Sonne durchschreitet das fixe Erdzeichen Stier zwischen dem 21. April und 22. Mai (Sonnen-Tierkreis) beziehungsweise dem 15. April und 13. Mai (Mond-Tierkreis). Stier verleiht ein ruhiges, stabiles, zähes Temperament, zwar gelassen, doch sehr entschieden und beharrlich. Venus, sein herrschender Planet, verleiht dem Charakter Wärme und Liebenswürdigkeit, doch zugleich mit einer gewissen Besitzgier in bezug auf Zuneigung, insbesondere hinsichtlich der eigenen Familie, denn Stier steht mit dem zweiten Haus des Geburtshoroskops in Verbindung, das die Finanzen und den Besitz regiert, sowohl auf physischer wie auf emotionaler Ebene.

Die gewohnheitsmäßige Sachlichkeit und methodische Arbeitsweise des Stiergeborenen befähigen ihn, nicht nur mit Ziegeln und Mörtel umzugehen, sondern ebenso eine Organisation ins Leben zu rufen, eine Farm oder Grundbesitz anzuschaffen, ein Geschäft, ein Familienunternehmen oder eine Künstlerkarriere aufzubauen. Desgleichen liebt er es, eine Sammlung von Antiquitäten, Bildern, Briefmarken oder anderen, möglicherweise im Wert steigenden Objekten anzulegen. Der Stiergeborene besitzt gewöhnlich einen gesunden Geschäftssinn, es sei denn, Stellung und Aspektierung der Venus erweisen sich als ungünstig. Durch dieses Erdzeichen stimuliert Venus ein natürliches Verlangen nach physischem Wohlbehagen, das heißt, nach gutem Essen, Vergnügungen, einem luxeriösen und harmonischen Umfeld zusammen mit der finanziellen Sicherheit, um dies zu ermöglichen. Viele Stiergeborene arbeiten in Banken, als Steuerberater oder an Projekten, bei denen sie Verantwortung für Geld und Besitz tragen. Irdische Sicherheit bedeutet ihnen besonders viel, und mittels Geld und Besitz oder aber deren Fehlen müssen sie bestimmte Lektionen erlernen. Jede Seele hat infolge gegensätzlicher Erfahrungen mit Reichtum und Armut den wahren Stellenwert von Geld und Besitztümern zu erkennen. Sie muß lernen, sich in die auf allen Ebenen beständig fließende Unterstützung einzuschwingen, was sie durch liebevollen Dienst am Leben sowie Vertrauen in die göttliche Vorsehung erreicht. Der weise Gebrauch von Wohlstand und Macht stellt eine wesentliche Seelenlektion des Erdelementes dar. Der erfolgreiche Geschäftsmann, der für wertvolle Beschäftigung sorgt und gewissenhafte Verantwortung für das Wohl vieler Menschen trägt, leistet nützlichen spirituellen Dienst und arbeitet in Harmonie mit dem göttlichen Gesetz.

Auf physischer Ebene regiert der Stier, Kehlkopf, Schilddrüse und Stimmbänder und verleiht den unter diesem Zeichen Geborenen oftmals eine gute Sing- beziehungsweise Sprechstimme. Er wird immer Schönheit in Musik und Klang schätzen – Klang, der eine außerordentlich machtvolle Wirkung ausüben kann, nicht nur auf physischer, sondern ebenso auch auf den feineren Seinsebenen. Stier vermittelt ebenfalls die Wertschätzung von Ritual und Zeremonie, die auf ätherischer Ebene Form schaffen. Der praktische, erdenhafte Verstand des Stiergeborenen erschwert es ihm oftmals, ausschließlich über eine sich öffnende Rose oder einen Lotosteich zu meditieren, doch sein Bewußtsein kann mit Hilfe von Musik, Ritual und Zeremonie erhoben werden, vielleicht auch durch eine Statue, ein Bild oder irgendeinen anderen Gegenstand, der seinen Sinn für Schönheit anspricht und es ihm ermöglicht, sein Herz für die innerweltliche Schönheit zu öffnen. Blumen, Bäume oder Naturszenen wirken heilend und inspirierend auf ihn. Tatsächlich fühlen sich viele an der Erdenlektion arbeitende Seelen »Gott in einem Garten näher«, indem sie so mit der Erde und dem Wachstum der Pflanzen arbeiten, als würden sie versuchen, über eine abstrakte Idee zu meditieren. Da das Erdelement mit dem Geruchssinn in Zusammenhang steht, werden Seelen mit Betonung dieses Elementes feststellen, daß der Duft von Weihrauch oder von einer lieblichen, aufgeblühten Blume ihr Erwachen für die innere Welt stimuliert. Reine Nahrung sowie Einstimmung auf die Natur und die harmonischen, rhythmischen Lebensmuster werden ihre spirituelle Entfaltung und Erkenntnis der inneren Wahrheit teilweise begünstigen.

Die Erhöhung des Mondes, Symbol der göttlichen Mutter sowie der individuellen Seele in diesem fixen Erdzeichen, erinnert andererseits daran, daß der Zweck einer jeden Inkarnation im stufenweisen Aufbau des ewigen Seelentempels liegt. Im Stier wird die grundlegende Ruhelosigkeit des Mondes ausgeglichen und seine kreativen Kräfte werden mit den Engeln der Venus, den Engeln von Harmonie und Schönheit, entwickelt.

Zwischen dem 23. August und 23. September durchschreitet die Sonne das veränderliche Zeichen der Jungfrau, das feinste und flexibelste der Erdzeichen. Im Mond-Tierkreis liegt dieser Zeitraum zwischen dem 2. und 30. September. Merkur steht hier erhöht und weist darauf hin, wie der Sonnenbote der Seele Unterscheidungsvermögen und Weisheit schenken wird, um sie so zu befähigen, die groben Zellen des physischen Körpers in jenen makellosen, sprühenden und vollkommen gesunden Lichtkörper zu transformieren, den die großen Meister und Lehrer für ihre Arbeit mit der Menschheit schaffen. Ihre Körper erstrahlen in Schönheit als vollkommene Tempel des Geistes, als Vehikel, die die Lebens- und Heilkraft der Sonne unbehindert von dem kleinsten Rest an Eigenwillen zu durchströmen vermag. Meister und Adepten leben beständig in diesem kosmischen Bewußtsein, ihr geringeres Selbst ist vereint mit der erhabenen Sonne. Hierin liegt die Einheit mit dem höheren Selbst, die alle Yogis anstreben.

Die Jungfrau, das Zeichen der Alchemisten, trachtet danach, das minderwertige Metall des niederen Selbst (Blei, regiert von Saturn, das die Seele zur Erde niederdrückt) in das reine Gold des Sonnenbewußtseins, das uns mit Gott und allem Leben vereint, zu wandeln.

Die Jungfrau ist mit dem sechsten Haus des Horoskops verknüpft, dem Haus der Gesundheit und Heilung, Dienst und Beruf.

In der Jungfrau mögen wir das Prinzip des Dienens in seiner reinsten und edelsten Form ausgedrückt finden. Viele hingebungsvolle Diener der Menschheit — Ärzte, Krankenschwestern, Heiler und Fürsorger aller Art — fallen unter dieses Zeichen, das mit Ernährung und natürlichen Heilformen in Zusammenhang steht.

Unter dem Einfluß von Merkur stehende Menschen müssen ihre Hände gebrauchen, um ihre Ideen und Seelenenergien ausdrücken zu können. Das kann sich durchaus auf künstlerische Weise äußern, zum Beispiel im Spielen eines Instrumentes, in der Malerei, Schriftstellerei, Zeichenkunst und im Design oder aber in einer Arbeit, die flexible, manuelle Kontrolle verlangt. Meistens jedoch wird es sich in irgendeiner Heilform manifestieren, zum Beispiel in der Physiotherapie, Massage oder sogar in der Chirurgie.

Da Merkur den Verstand aktiviert, sind die betreffenden Personen meist lernbegierig. Sie besitzen ein natürliches Empfinden für Präzision und Detail sowie das Verlangen nach Perfektion, was nicht nur ihre Konzentration und ihr Interesse an der Arbeit fördert sondern auch ihre Kritikfähigkeit in einem Maße intensiviert, daß sie unter dem beunruhigenden Gefühl von Unzulänglichkeit leiden können. In ihrem Bemühen um Vollkommenheit fühlen sie sich häufig zurückgeworfen von der Unmöglichkeit, im praktischen Leben die Ideale zu verwirklichen, die klar vor ihrem geistigen Auge stehen. Daher empfinden sie das Leben oft harmonischer, wenn sie unter Leitung eines Meisters beziehungsweise Arbeitgebers arbeiten können, der ihren Dienst lenkt und die volle Verantwortung für das Ergebnis übernimmt. So geben sie fähige, verläßliche und ergebene Sekretärinnen und persönliche Assistenten ab, denn sie haben ein Gefühl für das praktische Detail, was sie zusammen mit Training und Disziplin zu Mitarbeitern von unschätzbarem Wert macht. Da die Jungfrau Eingeweide und Verdauungstrakt regiert, können unter diesem Zeichen Geborene aufgrund von Sorgen und Ängsten an nervöser Erschöpfung leiden, was zu Verdauungsstörungen führt. Sie sollten sich vor übertriebener Gewissenhaftigkeit hüten und nach weniger Perfektion trachten.

Merkur, Planet des Verstandes, unterstützt die Seele, die Kraft von Vernunft, Logik, Denken und Erfindungsgabe zu entwickeln und dadurch allmählich die Weisheit und das Unterscheidungsvermögen zu erwerben, die zur Kontrolle und Handhabung der grob-physischen Materie unumgänglich sind. White Eagle wies darauf hin, daß, wenn die Seele die physische Ebene betritt, um Erfahrungen zu sammeln, das vor ihr liegende Leben einem ungepflügten Feld gleicht und sie lernen muß, dieses Feld mittels Gedanken, Planung und harter Arbeit in einen Zustand der Harmonie und Schönheit zu verwandeln — auf diese Weise lernt sie, mit den erhabenen Gesetzen des Lebens in Harmonie zu schwingen. Die Erhöhung des Merkur in seinem eigenen Zeichen, dem Zeichen der Bescheidenheit, Reinheit und Vollkommenheit — des selbstlosen Dienens — sowie der Gesundheit, zeigt, wie die Alchemie einer reinen, himmlischen Gemeinschaft schließlich jede Körperzelle transformieren und erhellen kann.

Jungfrau symbolisiert die makellose Seele, geläutert und durchstrahlt von der göttlichen Liebe, die jede dienende Handlung durchlichtet, nicht nach Belohnung fragend, nur die Freude suchend, jeden Aspekt des Lebens mit Harmonie und Schönheit zu erfüllen. Dieser selbstlose Dienst webt mit der Zeit ihr Brautkleid.

Die Bedeutung des Wurzelchakras, *Muladhara*, bei Gestaltung des Seelentempels ergibt sich ganz klar aus der Zahl der Planeten, die entweder als deren Herrscher an den Erdzeichen beteiligt sind und daher in ihnen erhöht stehen oder jenen, die das gegenüberliegende Zeichen regieren. Doch der eigentliche Planet dieses Chakras ist Saturn, der den letzten Lebensabschnitt bestimmt, wenn Gedanken, Handlungsweisen und Emotionen sich eindeutig im physischen Körper zu manifestieren beginnen.

Die meisten von uns stellen mit zunehmendem Alter fest, daß ihr Körper von Steifheit, Schmerzen, Unwohlsein und zahlreichen kleineren Plagen heimgesucht wird, was die Beweglichkeit einschränkt, und wodurch sie zu dem, was sie eigentlich tun möchten, nur noch begrenzt fähig sind. Menschen, die sehr stark unter den Einfluß Saturns geraten, empfinden in gewisser

Weise wohl ganz besonders seine disziplinarischen Kräfte, die sie zwingen, Geduld und Durchhaltevermögen zu lernen oder, so gut sie können, die karmischen Verantwortungen zu akzeptieren. Gewöhnlich verleiht ihnen Saturn eine etwas pessimistische Lebenseinstellung, was sie selbst allerdings als Realismus bezeichnen, wodurch unnötigerweise Sorge, Furcht und Angst vor der Zukunft entstehen. Bei Wassermanngeborenen kann dies zu nervöser Verspannung führen. Das natürliche Fließen von Lebenskraft, Freude und Vitalität wird gehemmt, was sich im Körper als Steifheit in den Knien oder anderen Gelenken, rheumatischen sowie arthritischen Beschwerden äußern mag, ja sogar in ernstlichen Krämpfen und Kreislaufstörungen – Klagen, die freudebringende Aktivitäten einschränken und, um es zu wiederholen, harte Geduldsprüfungen darstellen.

Um ein Gefühl von frei durch den Körper zirkulierender Lebenskraft zu unterstützen, sollte man jede Gelegenheit zur Entspannung wahrnehmen. Man setze sich auf einen Tisch oder einen hohen Stuhl und lasse die Beine baumeln, wobei man versucht, jedes Empfinden von Verspannung und Überanstrengung mit diesen leichten Bewegungen abgleiten zu lassen. Wir halten die Wirbelsäule gerade, doch nicht steif, und schwingen uns auf das sanfte Fließen des Atems ein. Bereitet es uns keine Mühe, flach auf dem Boden zu liegen, können wir durch eine andere Übung die Flexibilität der Kniegelenke fördern. Während wir sie in sanft kreisender Rhythmik bewegen, versuchen wir, die Wirbelsäule flach und entspannt zu halten. Diese Bewegung sollte nicht in zerstreut abwesender Eile durchgeführt werden, sondern leicht, ruhig und rhythmisch, wobei wir still atmen und unseren Geist aufmerksam einem goldenen Licht zuwenden sollten, das die Knie, Hüften und Füße durchfließt. Es darf kein Gefühl der Anstrengung auftreten. Wir sollten nicht mehr Kreisbewegungen durchführen, als uns leichtfällt, sie jedoch allmählich auf etwa fünfzig steigern.

Die Frustrationen des Alters sind auf die Anhäufung persönlicher Angewohnheiten in Gedankengang und Lebensstil zurückzuführen, die sich im Laufe der Jahre aufgebaut haben und eine Kruste, vergleichbar mit einer harten Schale, bilden, die die freudvolle Vitalität des höheren Selbst nur schwerlich zu durchdringen vermag. Diese gewohnheitsmäßigen Gedankenmuster können die Seele im Alter derart einsperren, daß nahestehende Menschen das wahre Selbst dieser Person kaum noch zu erkennen vermögen. Es ist das »Körper-Elemental«, das Bleigewicht des Saturns, welches die Seele, die sich danach sehnt, in die Freiheit zu entfliehen, niederdrückt.

Werden wir uns der Tendenz dieser Angewohnheiten des niederen Selbst, die zu Kristallisation und Verkrustung führen, erst einmal bewußt, besteht für jeden die Möglichkeit, Schritte zu unternehmen, Körper und Geist flexibel zu halten: wir müssen ausgediente Lebensumstände prüfen, mit Würde aufgeben und an ihrer Stelle kreative Gedankenkraft einsetzen, um mehr über das Mysterium von Leben und Tod zu lernen und eine Brücke zwischen der inneren und der äußeren Welt zu bauen.

Auf physischer Ebene wäre es ratsam, die Ernährung zu beachten, wobei sicherzustellen ist, daß sie unbeeinträchtigte Lebenskraft enthält. Das ist heutzutage nicht schwierig, da großer Wert auf Vollwertkost gelegt wird, auf Nahrungsmittel mit der vollen Lebenskraft der Erde, die am besten roh verzehrt werden. Es ist wichtig, mit zunehmendem Alter den Körper durch energiespendende Nahrung zu stärken und zu reinigen. Außerdem gibt es heute eine riesige Auswahl an Übungsprogrammen, die den Körper flexibel halten, obgleich – und das trifft vor allem für den Saturngeborenen zu – sich sanfte, doch regelmäßig durchgeführte Übungen als die vorteilhaftesten erweisen. Besonders im Yoga finden wir Übungen, die mit einer entspannten

Aufmerksamkeit für die Funktionsweise der einzelnen Körperteile verbunden sind, so daß wir in jede einzelne Bewegung unsere Gedankenkraft hineinlegen können und dadurch allmählich erkennen, wie die verschiedenen Körperteile sowohl auf den Verstand als auch die Emotionen einwirken. Das macht uns unsere Verspannung bewußter, die eintritt, sobald wir unbedingt etwas erreichen wollen. Ruhige Atmung lehrt uns, den harten Zugriff des Körpers zu lösen, nicht unsere Zähne aufeinanderzubeißen, die Schultern lose herabhängen zu lassen, damit sich das Herz frei dem göttlichen Atem öffnen kann.

Auf diese Weise erlangen wir ein Gefühl stiller Annahmebereitschaft und ein heiteres Gemüt. Wir beginnen tatsächlich, die Brücke zwischen den beiden Welten zu bauen und blicken der Wiedervereinigung mit unseren Lieben in der lichten Welt freudig entgegen. Die Realität ewigen Lebens dämmert immer klarer herauf, wenn wir lernen, dankbar zurück und hoffnungsvoll nach vorne zu blicken – in der Gewißheit, daß Liebe ewig währt.

8

Das Svadhisthana-Chakra (Sakralchakra) und das Wasserelement

Seelenlektion: Friede und Weisheit
Element: Wasser
Sinn: Geschmack
Lotossymbol: Sechs Blütenblätter

Als nächstes, über dem *Muladhara*-Chakra liegend, folgt *Svadhisthana,* das Sakralchakra, das den Geschmackssinn bestimmt und in Verbindung mit den drei Wasserzeichen Fische, Krebs und Skorpion steht, regiert von Jupiter, Mond und Mars.

Jupiter, der nächste in der traditionellen planetarischen Ordnung, besitzt eine besonders enge Beziehung zum Wasserelement, da er nicht nur die Fische beherrscht, sondern in Krebs, dem vom Mond beherrschten Wasserzeichen, erhöht steht. Der Mond symbolisiert die göttliche Mutter, Schöpfer ständig sich wandelnder Formen, durch die sich der Christusgeist, die Sonne, auf der materiellen Ebene zu manifestieren vermag. der Alligator ist das Tiersymbol für das *Svadhisthana*-Chakra. Stark und kräftig lauert er in den Wassern, um sein unvorsichtiges Opfer zu schnappen. Das Sakralchakra steht in enger Beziehung zum Ätherkörper sowie zu jenen kreativen Kräften in den Tiefen menschlicher Seele, die dem unermeßlichen Ozean kosmischen Bewußtseins entspringen und auf jeder Lebensebene Form annehmen.

Physischer Körper und Persönlichkeit des niederen Selbst werden mit jeder Inkarnation neu geschaffen, so wie ein Baum in jedem Frühling neues Wachstum hervorbringt. Die feineren Körper, die sich allmählich durch die Erfahrungen irdischen Lebens entwickeln, können mit dem Stamm und den Zweigen des stets größer und stärker werdenden Baumes verglichen werden, während die Wurzeln tiefer in die nährende Mutter Erde eindringen. Die frischen Blätter einer jeden Inkarnation absorbieren das Sonnenlicht – die Energie des ewigen Himmelsvaters – das durch Zweige und Stamm in die Wurzeln hinabgezogen wird, die ihrerseits Nahrung aus der Erde aufnehmen und den Saft emportreiben, um neues Wachstum zu fördern.

Zum gegebenen Zeitpunkt steigt die Seele erneut ins Erdendasein hinab, liebevoll eingehüllt von der Fürsorge und dem Schutz der göttlichen Mutter. Ihre Weisheit leitet sie bei der Wahl der Erfahrung dieses nächsten Lebenstages. Der Mond dient der göttlichen Mutter als Werkzeug für den Aufbau der Körper, nach denen die Seele für ihr Erdenleben verlangt. Ist der rechte Augenblick für die planetarischen Baumeister gekommen, den Plan des Erhabenen Architekten zu erfüllen, energetisiert ein starker Strahl aus der geistigen Sonne das permanente Atom, jenes Zentrum oder jenen Samen innerhalb der Seele, der den Bestand, das Zeugnis aller vergangenen Leben aufbewahrt. Dann beginnt die Arbeit der göttlichen Mutter. Unterstützt von ihrer Engelschar, schafft sie Körper, die die sich inkarnierende Seele befähigen, auf den verschiedenen Seinsebenen den durch vergangenes Karma gegebenen Möglichkeiten und Begrenzungen entsprechend zu wirken. Der Wille des Himmlischen Vaters, des Architekten des Seelentempels, durchstrahlt das irdische Elternpaar, indem er die Baumeister des Engelreiches anleitet, Stoffe für Mental-, Astral- und Ätherkörper zu sammeln, derer die Seele bedarf.

Das Symbol des in den Wassern lauernden, sein leichtsinniges Opfer beobachtenden Alligators illustriert die gewaltige Kraft des mit den Fortpflanzungsorganen verknüpften Wasserelementes. Es besteht zudem eine enge Verbindung zu der durch Gedanken- und Imaginationskraft angeregten kreativen Aktivität auf der Ätherebene – zu einer Schöpfung, die himmlischen oder aber dämonischen Charakter trägt.

Das Erdelement hält den Samen im Erdboden fest, doch sobald er gewässert wird und seine äußere Hülle aufbricht, setzt rasches Wachstum ein, eine Expansion nach außen, in die Freiheit. Jupiter untersteht diesem Prinzip von Wachstum und Expansion, aber auch das Fließen der Lebenskraft durch das gesamte Sein. Jupiter (Herrscher der Fische) und Mars (Herrscher des Skorpion) verleihen dem Sakralchakra ungeheure psychische Energie. Skorpion ist mit dem Tod sowie mit der inneren Welt verknüpft – dem Leben nach dem Tode. Mond, Herrscher des Krebs, der über Aufbau und Zerstörung der Form wacht, steht im Skorpion im Fall.

Die Sonne durchschreitet das Fische-Zeichen zwischen dem 19. Februar und 20. März. Venus, polares Gegenüber des Mars, steht dort erhöht. Hier symbolisiert das Wasserelement in seiner Unbeständigkeit den weiten Ozean göttlichen Lebens und Bewußtseins, in dem wir alle ruhen. Die beiden miteinander verbundenen, doch in entgegengesetzte Richtungen blickenden Fische, demonstrieren die Dualität dieses Zeichens. Stark unter seinem Einfluß stehende Menschen nehmen, wenn auch oft unbewußt, nicht nur das äußere, physische Leben, sondern auch die es durchdringende ätherische Seelenwelt wahr. Augenblicklich reflektieren sie Gedanken und Gefühle ihrer Umgebung, und es fällt ihnen oft schwer, zwischen ihren eigenen Gemütsstimmungen und Reaktionen und denjenigen anderer, die sie auffangen, zu unterscheiden. Sie können äußerst empfänglich für Eindrücke sein und beim Betreten eines Raumes oder Gebäudes die erst kürzlich oder aber bereits vor längerer Zeit geschehenen Dinge lebhaft wahrnehmen.

Jupiter, Planet des Wachstums und der Ausdehnung auf allen Ebenen, wird im allgemeinen als der »große Wohltäter« bezeichnet, doch er wirkt hauptsächlich an der Entfaltung des höheren Verstandes mit. Sowohl er als auch die Fische verleihen große Sehnsucht nach religiöser und philosophischer Erfahrung und geistige Einheit, was sich in einem gemeinsamen Gottesdienst noch verstärken kann. Die mystische Zeremonie der Kommunion, mit ihren Symbolen von Brot und Wein, zeigt deutlich, wie der Geschmackssinn, verbunden mit dem Sakralchakra, dazu beiträgt, die höheren Sinne zu wecken. »Koste und sieh' die Güte des Herrn«, lautet die Übersetzung eines Psalms.

Die beiden niederen Chakras befassen sich mit dem unteren Teil des Körpers: Füße, Beine sowie allgemeine Beweglichkeit. Behinderung und Bewegungseinschränkung der Hüften, Knie, Fußgelenke oder Füße sollen die Seele Geduld lehren und bieten die Gelegenheit, geistige Freiheit zu erlangen, die sich über physischen Schmerz oder körperliche Behinderung erhebt, und den Frieden des Geistes sowie Heilung zu finden, die eine aufrichtige Vergebung mit sich bringen.

Während Saturn, als Planet der Begrenzung und Zusammenziehung, der die Seele zur Erde herabzieht, das göttliche Feuer fest im Basischakra einschließt und dafür sorgt, daß dieses nur auf dem Wege der Charakterbildung und Selbstdisziplin freigelassen wird, verleiht Jupiter, der Planet des Wachstums und der Expansion, der Seele den starken inneren Impuls, das tiefe Verlangen, zu entfliehen, sich Flügel wachsen zu lassen, die sie in die Himmel emportragen. Jupiter ebenso wie Merkur, sein polares Gegenüber, werden in Mythen oder Legenden entweder mit Schwingen oder auf einem geflügelten Tier reitend dargestellt, was die kreative Gedanken und Vorstellungskraft symbolisiert,

die Äthersubstanz nach Herzenslust zu gestalten. Beide Jupiterzeichen, Fische und Schütze, geben der Natur eine tief religiöse
und fromme Seite. Daher verwundert es nicht, wenn unter diesen die Hüften, Schenkel und Füße regierenden Zeichen jahrhundertelang rituelle Bewegungen und Tänze bei den Zeremonien vieler Glaubensrichtungen eine wesentliche Rolle gespielt
haben, besonders bei eng mit der Natur und der Ätherwelt verbundenen Völkern. Ihre Priester und weisen Männer kannten
die Wirkung von Rhythmus, Bewegung und Gesang (Merkur regiert das Sprachorgan) auf die Erweckung des Bewußtseins für
die inneren Welten.

Die gleiche Anregung erfahren Menschen, die aus ganzem
Herzen die Hymnen während eines Gottesdienstes singen. Musik und Rhythmus spielen eine wesentliche Rolle bei der Befreiung der expansiven Seite Jupiters in unserem Sein (dem höheren Verstand) von der starren Erdhaftigkeit des Saturnischen,
mit ihrem Pflicht- und Disziplingefühl und der begrenzenden
Sachlichkeit. Für einen kurzen Augenblick können wir die Flügel wachsen lassen, Flügel, die uns in eine höhere Bewußtseinsebene tragen. Takt beziehungsweise Rhythmus der Pop Musik
mit ihrem leicht monotonen Gesang, besitzen die gleiche befrei-
ende Wirkung auf die psychische Energie, jedoch ohne Willens-
lenkung. Kommen Drogen und Alkohol verstärkend hinzu, öffnet sich das Tor zu einer eher erschreckenden inneren Welt, ein
Tor, das nicht einfach wieder zu schließen ist.

Saturn steht in Zusammenhang mit dem Mineralreich – Felsen und Steinen, Metallen und Kristallen – sowie mit den praktischen Aufgaben, diese zu schürfen und für den Gebrauch zu
bearbeiten. Jupiter andererseits regiert ganz allgemein die Vege-
tation und das pflanzliche Leben mit seinen Perioden des Wachstums, Blühens, Früchtetragens und Verfalls. Er weckt das Bewußtsein für die Ätherwelt der Elfen, Gnomen, Sylphen und

der anderen Elementale, die das Naturreich ebenso durchdringen wie die ätherischen und feinstofflichen Körper des Menschen. Bei Betonung der Fische oder des Schützen im Horoskop werden wir fast immer eine starke Empfänglichkeit für die Ätherebene und die innere Welt der Natur feststellen, was blitzartiges Vorauswissen, das sogenannte Zweite Gesicht, oder prophetische Träume mit sich bringt.

Da der Ätherkörper über die äußeren Konturen der Physis hinausragt, scheint es auf der Hand zu liegen, daß Jupiter und nicht Saturn die Füße regiert. Saturn beherrscht die Knie (Steinbock) und die Fußgelenke (Wassermann), doch die Füße stehen unter dem Einfluß des Fische-Zeichens. Durch sie berühren wir jenes tosende Meer ätherischer Substanz, Teil des Unterbewußten, des untergetauchten Selbst, den Ozean der Erinnerungen auf der Ätherebene, der die Geschichte unserer vergangenen Leben und Handlungen birgt. Kenner der Reflexzonentherapie wissen, daß sich die Gesundheit des gesamten physischen Körpers in den Füßen, die selbst, ebenso wie die Hände, psychische Zentren sind, widerspiegelt und durch sie behandelt werden kann. Merkur, polares Gegenüber des Jupiter, regiert die Hände, durch die Psychometristen Kontakt zum »Meer ätherischer Impressionen« aufnehmen und Heiler den Strom erneuernder Lebenskraft auf ihre Patienten kanalisieren können.

White Eagle hat die große Bedeutung der Füße oft hervorgehoben und erläutert, daß physisches »Ver-Stehen«, falls sorgfältig durchgeführt, die Entwicklung geistigen Verstehens zu fördern vermag. Eine der ersten Stufen des *Hatha*-Yoga lehrt, wie man die Füße richtig gebraucht, sie gleichmäßig mit dem Köpergewicht belastet und die Zehen streckt und spreizt. Dieser uralte indische Wissenszweig sieht im Körper den Tempel der Seele. Jeder einzelne Körperteil kennzeichnet eine geistige Eigenschaft, die entwickelt und geschult werden kann, bis das gesamte Sein die Harmonie des geistigen Gesetzes manifestiert und in Einheit mit Gott und dem Universum lebt – einem Zustand, der zu vollkommener Gesundheit und hohem Alter führt. In diesem Zusammenhang wäre zu erwähnen, daß die im Spann gelegenen Hauptfußknochen interessanterweise den Namen »Kahnbein« tragen. Durch sie können wir das Körperschiff (äußeren und inneren Körper) harmonisch ausbalancieren und durch die stürmische See des Lebens »navigieren«.

Jupiter und Merkur gelten als die Planeten des Reisens und Erforschens von Orten und Ideen. Dazwischen regieren sie alle möglichen Kommunikationsformen, einschließlich der Herausgabe von Büchern und Zeitungen, die Nachrichten- und Informationsweitergabe mittels elektronischer Geräte sowie alle Arten mentalen Trainings in Schulen, Kollegien und Universitäten. Im menschlichen Körper befassen sie sich mit der Blutzirkulation, den Lymphknoten, dem Nervensystem, der Atmung und Verdauung – mit Wegen, auf denen Nahrung und Lebenskraft zirkulieren, sowie überflüssige Stoffe eliminiert werden.

Zwischen dem 22. Juni und 23. Juli durchschreitet die Sonne das kardinale Wasserzeichen Krebs im Sonnen-Tierkreis und zwischen dem 8. Juli und 5. August im Mond-Tierkreis. Seelen, die unter diesem Zeichen geboren wurden, lieben ganz besonders Heim und Familie, in deren Bereich auch die zu lernenden Seelenlektionen liegen. Krebs verleiht ebenfalls Liebe zu allem Wachsenden und den Wunsch, für Kinder, Tiere, Pflanzen und hilfebedürftige Seelen zu sorgen. Im Anfangsstadium des Seelenwachstums mag das innere Verlangen, zu umhegen und zu beschützen, vorherrschen, ein starkes Gefühl der Familienzusammengehörigkeit, das Außenstehende ausschließt, oder sogar eine nahezu überwältigende Besitzergreifung von Kindern, Freunden und dem Ehepartner. Die Erhöhung des Jupiters in Krebs weist darauf hin, wie mit zunehmender Selbstlosigkeit dieser Besitzanspruch nachläßt und das Herz sich in sorgetragender Zuneigung für alles Lebendige öffnet. Das Familienkonzept erstreckt sich auf immer größer werdende Gruppen, und im Laufe dieses Prozesses stellt sich allmählich ein wahres Verständnis für universale Bruderschaft ein. Dieses Erkennen des grenzenlosen Ozeans göttlicher Liebe findet seinen symbolhaften Ausdruck in der Erhöhung der Venus im Jupiterzeichen Fische.

Die Sonne durchwandert das fixe Zeichen Skorpion zwischen dem 24. Oktober und 22. November. Mars regiert dieses negative Wasserzeichen, das mit dem achten Haus des Horoskops zusammenhängt. Hier steht der Mond in seinem Fall (im Gegensatz zu seiner Erhöhung im Stier, dem Erbauer). Skorpion sowie das achte Haus beziehen sich auf den Tod beziehungsweise das Zurückziehen von Lebensenergie und Bewußtsein in die innere Welt. Physischer Tod und alle mit ihm in Zusammenhang stehenden gesetzmäßigen Umstände stehen unter seinem Einfluß, was gewöhnlich das Interesse an der Erforschung der Mysterien des Lebens nach dem Tode und an den inneren Welten weckt. Skorpion ist das Zeichen der Geheimnisse, der verborgenen Dinge, und die durch dieses Zeichen und Haus zentrierte Mars-Energie wird den Wunsch verstärken, die Wahrheit in jedem Zustand, jeder Situation, die ernsthafter Aufklärung bedarf oder mysteriös erscheint, aufzudecken. Skorpion fördert jede Art forschender oder suchender Aktivität und weckt Wißbegier und Experimentierlust.

In Krebs und Fische haben wir die Wasserzeichen dieses Elementes. Skorpion hingegen lebt auf der Erde und weist (wie der Alligator) auf die Gefahr hin, die ein unvorsichtiges, gewaltsames Öffnen des entsprechenden Chakras mit sich bringt, indem man Hilfsmittel wie das Quija-Brett benutzt oder sonstige spezielle Praktiken oder Übungen anwendet, die dazu bestimmt sind, die psychischen Kräfte zu stimulieren, bevor die Seele Unterscheidungsvermögen und Stärke entwickelt hat, die unumgänglichen Voraussetzungen zur Meisterung der entfesselten Energien. Diese Entwicklung sollte sich langsam durch menschliche Erfahrung und unaufhaltsames Streben nach den höheren Welten vollziehen. Die Schönheit eines in Gebet oder religiöser Erfahrung gewonnen Einblicks in die höheren Ebenen, verbunden mit liebevollem Dienst am Mitmenschen, schenkt Kraft und wirkt inspirierend und wenn erforderlich, Trost spendend. Dies symbolisiert der weiße Adler – der höhere Aspekt des Skorpions und der (gefiederten) Schlange – der der Sonne entgegenfliegt.

Der physische Tod, insbesondere der jener Menschen, an die wir emotional eng gebunden sind (ungeachtet dessen, ob positiv oder negativ), wühlen unvermeidbar unsere tiefsten Gefühle und verborgensten Gedanken auf. Es verwundert daher nicht, wenn stark unter dem Einfluß dieses fixen Wasserzeichens stehende Seelen intensive emotionale Reaktionen, Liebe ebenso wie Haß, erfahren und häufig durch den frühen Tod nahestehender Menschen ihre Lektionen lernen müssen.

Viele Menschen scheinen ein wenig ängstlich oder beschämt eine Betonung des Skorpions in ihrem Horoskop zuzugestehen. Sie mögen die irrige Auffassung besitzen, es sei »eines der schlechten Zeichen«. Dagegen handelt es sich mit Sicherheit um ein starkes Zeichen, da die Marsenergie die emotionale Natur intensiviert, doch sie verleiht gleichzeitig große Selbstkontrolle. Man kann selten abschätzen, was die Skorpionseele denkt oder fühlt. Ein ruhiges, scheinbar friedliches Äußeres kann einen reißenden Strom von Ärger, Frustration und Groll verbergen, der sich später in bitterem Sarkasmus oder rücksichtslos unfreundlichem Benehmen äußern mag. Auf menschlicher Ebene können Seelen mit Skorpionbetonung eine plötzliche, bisweilen recht intensive Neigung oder Abneigung Menschen oder Umständen gegenüber annehmen. Es mangelt ihnen in diesem Falle vollkommen an Logik, und es ist schwierig, vor allem für die sachlich nüchternen Luftzeichen, die spontanen, emotionalen Reaktionen der Skorpiongeborenen zu verstehen. Jedes Argumentieren, jeder Versuch, sie auf logische Gesichtspunkte hinzuweisen, sind zwecklos. Es irritiert sie bloß und »festigt « sie noch mehr in ihrem Antagonismus beziehungsweise ihrer Treue zu einer bestimmten Person oder Sache. Doch wenn sie auch nicht gewillt sind, Vernunft und Logik anzuerkennen, so reagieren sie doch auf Liebe und Zuneigung wie die Blumen auf das Sonnenlicht, denn verdeckt vom äußeren Aspekt des Skorpions besitzen sie eine wunderbare, warme Zuneigungsfähigkeit, Hingabe und Loyalität.

Zu Beginn des Entwicklungsprozesses äußert sich diese Hingabe lediglich gegenüber der Familie oder einigen wenigen Freunden und Mitarbeitern. Ein großer Teil der emotionalen Energie fließt in eigennützige Belange. Doch von dem Augenblick an, zu dem die Seele sich dem Licht geöffnet hat und die Marsenergie zu umfassenderen, selbstloseren Zwecken einsetzt, lassen Hingabe, Aufopferungsbereitschaft und echte geistige Vision diese Seelen zu heroischen Streitern für das Licht werden, und wir finden sie daher unter den geistigen Führern der Menschen. Dieses Zeichen beherrscht das Horoskop zahlreicher spiritueller Lehrer, Heiler und Sozialarbeiter sowie Pionieren medizinischer und wissenschaftlicher Forschung sowie Sozialreformer.

Das Sakralchakra ist mit den physischen Fortpflanzungsorganen verknüpft, doch betrifft gleicherweise die Macht kreativen Denkens. Ständig erschaffen wir durch unsere Gedanken und Gefühle, Hoffnungen und Ängste harmonische oder disharmonische Gegebenheiten um uns herum. Tatsächlich können negative Gedanken manchmal genügend Kraft besitzen, um Elementale hervorzubringen, die sich, oft über mehrere Inkarnationen hinweg, an die Seele heften und sich durch physische Krankheiten manifestieren. Mit der Zeit muß jede Seele lernen, Gedanken und Vorstellungen zu kontrollieren und sie in einer Weise zu gebrauchen, damit für sie selbst und andere wirklich harmonische Bedingungen auf der physischen Ebene geschaffen werden.

Bei einer Betonung des Wasserelementes im Horoskop gestalten sich das Fühlen, die Emotionen und psychische Wahrnehmungen besonders aktiv. Stimuliert durch disharmonische planetarische Aspektierung können sie leicht in tosende Ströme voller Gefühle, Angst, Ärger, Groll, Selbstmitleid oder Depressionen aufwallen. Dies sind Prüfungen, die die jedem Menschen innewohnende kreative Kraft, die Christuskraft, aufrufen sollen, den Sturm zu besänftigen, denn die wesentliche Lektion des Wasserelementes liegt in der Entdeckung des Geheimnisses inneren Friedens und innerer Ruhe.

Seelen, die den Prüfungen der Wassereinweihung gegenüberstehen, wird beständig Gelegenheit geboten, unbedeutende Verletzungen und Übersensibilität abzustreifen, indem sie eine klare, starke Verbindung zur Sonne im Herzen herstellen, damit, wenn deren Strahlen die turbulenten Wasser berühren, diese still und ruhig werden, die herrliche Farbenpracht und Strahlkraft des inneren Christus widerspiegelnd.

Mars, Herrscher des Wasserzeichens Skorpion und des achten Hauses, das Tod und Auflösung der Form repräsentiert, regiert ebenfalls den feurigen Widder, Erhöhungszeichen der Sonne. Er ist der kriegerische Planet, Verteidiger des Lichtes. Symbolisch gesehen befähigen die weise gebrauchte feurige Energie und die Willensstärke des Mars die Seele, die Christuskraft − das Sonnenkind im Herzen − aufzurufen, nicht willkommene

Gedankenformen aufzulösen und zu zerstreuen und stattdessen positive Konzepte der Harmonie, Freude und Dankbarkeit, die einen Kanal für das Licht der Sonne bilden, an deren Stelle zu setzen. Die Übung der inneren Bejahung kann, besonders kurz vor dem Einschlafen, dazu beitragen, dem unbewußten Geist gesundheitsfördernde, kreative Gedanken einzuprägen.

Der Mond, durch das Wasserelement in engem Zusammenhang mit dem Sakralchakra stehend, repräsentiert die feminine oder aufnehmende Seite menschlicher Natur. Er ist verbunden mit der inneren Welt des Träumens und Schlafens, in der die Seele die ihr übermittelten Gedanken oder Affirmationen unbewußt absorbiert – nicht mittels der zwingenden und oft harten Willenskraft des bewußten Geistes, sondern vielmehr durch sanfte, beständige Infiltration ruhiger Affirmation kurz vor dem Einschlafen, wenn Körper und Geist sich in einem entspannten, passiven Zustand befinden.

In dem hilfreichen Buch von Apa Pant, mit dem Titel *Surya Namaskaras: An Ancient Indian Exercise,* geht der Autor auf diese Übung näher ein. Die Vorbereitung des Zubettgehens, erklärt er, sollte mit der üblichen Waschung, einschließlich Darm- und Blasenentleerung beginnen. Dann, »sobald du im Bett liegst, lasse deinen Geist alle Teile deines Körpers ›massieren‹, von den Zehenspitzen bis zu den Haarwurzeln. Lasse ihn in entspanntem, ruhigen Zustand im Herz-Zentrum verweilen. Gebrauchst du ein Mantra, den Namen Gottes, so lasse diesen Namen langsam, so zart wie möglich und ohne die Lippen zu bewegen, alle Teile deines Körpers durchdringen, erfüllen, wie ein schützendes Licht, ein Gewand, bedecken. In diesem Zustand des Friedens, der Freude und der Harmonie schlafe ein. Schlafe sorglos ein. Wirf alle Sorgen auf Gott. Er trägt sie, nicht du.

Wenn du dich darin übst, auf diese Weise einzuschlafen, träumend oder traumlos, wirst du den Yoga fortsetzen, deine Vereinigung mit der Ganzheit des Seins...

In tiefem Schlaf, frei vom Ego-Bewußtsein, findest du Zugang zur Schönheit, Heiterkeit und zur Energie ewigen Lebens. Im Tiefschlaf kannst du die Wirklichkeit der Einheit des Lebens und somit die Wahrheit des Todes erkennen.

Es ist daher äußerst wichtig, die Wissenschaft des Schlafes – ein Drittel deines gesamten Lebens – zu erlernen.«

Der leise geflüsterte Klang des OM, des Namen Gottes im Ostens, des Großen Weißen Geistes – allmächtig, all-liebend, all-weise – vermag Verstand und Gefühl sanft von den Spannungen und Überforderungen des kleinen Selbst in die vom Frieden erfüllte Wirklichkeit ewigen Geistes zu lösen – in die tröstenden Arme der göttlichen Mutter zu legen. Tiefes, entspanntes Eintauchen in das Herz des ewigen Selbst heilt und und belebt die Seele, eine Heilung, die sich bald in Körper und Geist manifestieren wird, indem sie inneren Frieden und Beständigkeit schenkt sowie die Fähigkeit, jedes auftretende Problem weise zu meistern.

Einigen Menschen mag es leichter fallen, den vertrauten Namen Jesu, des Großen Heilers, zu flüstern oder aber eines Lehrers, der ihre bedingungslose Liebe und Hingabe wachrief – denn Liebe erkennt und antwortet auf den Gott, der durch die Seele eines geliebten Menschen scheint. Alle Gedanken auf die Liebe und Weisheit des Meisters – des Großen Weißen Geistes – zu lenken und stets zurückzukehren, sobald von Angst und Sorgen erfüllte Gedanken erneut eindringen, wird allmählich das ganze Sein besänftigen, besonders wenn der leise geflüsterte Klang mit ruhigem Atmen verbunden ist.

Ruhe den Körper entspannt und bequem auf einem möglichst harten, flachen Bett aus und folge deiner eigenen Entspannungsroutine, indem du den Atem sanft und leicht fließen läßt.

Schwinge dich auf seinen friedlichen Rhythmus ein und lenke deine Gedanken auf den Großen Weißen Geist. Bei jeder Ausatmung flüstere sanft den heiligen Namen – stelle dir vor, das Licht des Polarsternes, deines eigenen innewohnenden Geistes, leuchte auf dich herab und hülle dich in ein Zelt rein weißen Lichtes. Fühle die umhüllende Liebe der göttlichen Mutter, tröstend, heilend, beschützend und das Christuslicht in dir stärkend. Zwischen jedem Wispern des heiligen Namens bekräftige sanft: »*Das Christuslicht leuchtet in meinem Herzen, es heilt und erneuert jede Zelle meines Seins.*« Dann lenke deine Aufmerksamkeit wieder auf den Trost und Schutz der göttlichen Mutter, den weiblichen Aspekt deines Seins durchstrahlend, während du erneut den göttlichen Namen leise sprichst. Auf diese Weise fahre unermüdlich fort, bis der Schlaf dich übermannt.

Diese wunderbare Heil- und Erneuerungsübung, die wir vor dem Einschlafen praktizieren können, wird in der babylonischen Legende durch den Fischgott Oannes, mit menschlichem Haupt auf einem Fischkörper, symbolisiert. Jeden Tag stieg er aus dem Meer, um dem einfachen Volk jener Zeit die Grundlagen der Zivilisation zu lehren. Mit Anbruch der Nacht kehrte er in die Tiefen des Ozeans zurück, damit der Allmächtige Geist ihn wieder mit seiner Weisheit und Liebe erfüllte.

White Eagle lehrt uns, daß wir bei der geistigen Heilung, wenn infolge von Krankheit oder Überanstrengung der Patient erschöpft zu sein scheint, das Sakralzentrum durch die mit ihm verbundene Milz behandeln sollen. Das stimmt mit der Aussage C.W. Leadbeaters in *Die Chakras* überein, wenn er schreibt:

»Das Milzchakra wird in den indischen Schriften nicht erwähnt, wohl aber sprechen sie von dem sogenannten *Svadhisthana*-Zentrum, das in unmittelbarer Nachbarschaft der Fortpflanzungsorgane liegt und dem die gleichen sechs Blütenblätter zugeordnet werden. Wir vertreten die Ansicht, daß die Stimulation eines solchen Chakras als Unglück betrachtet werden kann, da ernsthafte Gefahren damit verbunden sind. Im ägyptischen Entwicklungsschema beachtete man sehr sorgfältig gewisse Vorsichtsmaßnahmen, um ein derartiges Aufbrechen zu vermeiden.«

Und weiter heißt es:

»Zwischen den hypogastrischen oder Beckengeflechten und dem nahe den Fortpflanzungsorganen gelegenen *Svadhisthana-*Chakra besteht zweifellos ein Zusammenhang. Dieser wird zwar in den indischen Schriften erwähnt, jedoch nicht im Entwicklungsschema berücksichtigt. Die in diesem Bereich gruppierten Geflechte besitzen wahrscheinlich im Vergleich zum Sonnengeflecht nur untergeordnete Bedeutung hinsichtlich einer bewußten Aktivität, da beide ebenso wie das Milzgeflecht sehr eng durch zahlreiche Nerven mit ihm verbunden sind.«

Wir behandeln das Milz-Zentrum, um die Zirkulation der Lebenskraft im Ätherkörper zu stimulieren und zu energetisieren. White Eagle lehrt uns, dieses Zentrum nach einer tiefen Meditation zu versiegeln, damit wir wieder fest im physischen Bewußtsein verankert sind. Dieses Siegel, das er uns (mit uneingeschränkter geistiger Willens- und Konzentrationskraft) zu schließen lehrte, ist ein lichtumflutetes gleichschenkliges Lichtkreuz, ein Symbol, das wir mit den vier Blütenblättern im Mandala des Wurzelchakras in Zusammenhang bringen können. In ihm ruht das *Kundalini*-Feuer, bewacht vom großen Lehrer, Prüfer, Zuchtmeister und Perfektionisten Saturn. Der Jupiteraspekt unserer Natur drängt uns zur Flucht aus den Anfechtungen und Verantwortungen in die Freiheit von Reise, Abenteuer und Aufregung, sei es auf physischer Ebene (er regiert Tanz und Schauspielkunst sowie alle Sportarten) oder auf der Mentalebene (Philosophie) und der Ätherebene (Liebhaberei für psychische Phänomene oder die Suche nach Freiheit mittels Drogen und Alkohol). Der

119

Saturnaspekt hingegen stärkt unseren Sinn für Pflicht und Verantwortung und weist uns den Weg, den schmalen, steilen Pfad bergauf, der zu wahrer, illusionsloser Freiheit führt.

Alle Seeleute lernen sehr früh, die Kraft und Feinheit von Meer, Sand, Felsen und Gezeiten zu respektieren. Ähnlich müssen jene, die auf den inneren Ebenen reisen wollen, die Feinheit und Gefahren, die Klippen und den Treibsand der unendlichen See ätherischer Substanz verstehen lernen, in die wir eintreten, sobald sich die psychischen Zentren geöffnet haben. Weise Lehrer und Priester aller Religionen betonen die Unumgänglichkeit eines erfahrenen Führers auf dem Pfad spiritueller Entfaltung.

White Eagle und die strahlende Gemeinschaft in der lichten Welt wachen liebevoll und schützend über allen Seelen, die in schlichtem Vertrauen versuchen, ihren Lehren zu folgen, was sich im Laufe von mehr als fünfzig Jahren wiederholt bewiesen hat. Jede Seele muß durch Lebenserfahrungen ihre Lektionen lernen, eine jede wird eingehüllt von der Liebe der geistigen Brüder, die sie sicher zu ihrem eigenen, wahren Pfad zurückgeleiten.

9

Das Solarplexuszentrum (Manipura- und Surya-Chakra) und das Feuerelement

Seelenlektion: Liebe, menschliche und göttliche
Element: Feuer
Sinn: Sehen
Lotossymbol: Zehn Blütenblätter

Das *Manipura*-Zentrum fällt unter das Feuerelement, und nach der traditionellen planetarischen Ordnung besitzt es eine besondere Beziehung zum Mars, Herrscher des Widder, der kardinalen oder aktiven Manifestation dieses Elementes. Die indische Philosophie verknüpft dieses Tier (Widder) mit diesem Chakra, was die astrologischen Assoziationen zu bestätigen scheint.

Im Löwen, dem königlichen Zeichen, regiert von der Sonne, finden wir das fixe Zeichen des Feuerelementes. Ebenso wie Jupiter, Herrscher der Fische und Hauptplanet des Sakralzentrums, im Mondzeichen Krebs erhöht steht, ist die Sonne, Regent des Löwen, im Widder erhöht, was auf die ungeheure Sonnenenergie hinweist, die im *Manipura*-Chakra entfesselt werden kann, sobald Wunschnatur und Astralkörper unter der Kontrolle des innewohnenden Geistes sind.

In *Licht auf Pranayama* trennt B.K.S. Iyengar das *Surya-Chakra* (Sonne) vom *Manipura*-Chakra, wobei letzteres im Nabel angesiedelt ist, ersteres dagegen oberhalb des Nabels und unterhalb des Zwerchfells. Aus astrologischer Sicht jedoch sind aufgrund der Erhöhung der Sonne im Mars-Zeichen Widder Solarplexus- oder Sonnen- und Mars-Zentrum, *Manipura,* eng miteinander verbunden. Daher wollen wir beide zusammen als den Solarplexus betrachten.

Schütze, regiert von Jupiter, ist das dritte Zeichen, und wir erkennen, daß die Feuerzeichen des Solarplexus-Zentrums von denselben Planeten — Mars und Jupiter — wie die Wasserzeichen des Sakralzentrums gelenkt werden, nur daß die Sonne an die Stelle des Mondes tritt. Die Kombination von Sonnen- und Mondenergien in diesen unteren Zentren spiegelt sich in der Yoga-Lehre wider, die von männlicher und weiblicher Energie in jeder Seele ausgeht — Energien, die ausgeglichen, harmonisiert, sublimiert und der höheren Aufsicht unterstellt werden müssen, während sie die Wirbelsäule emporsteigen, um Leben und Licht in die feinstofflicheren Körper einfließen zu lassen. Die Elemente Feuer und Wasser sind gemeinsam im Dreieck der niederen Chakras wirksam. Sie können einen ungeheuren Druck hervorbringen, eine Triebkraft von bisweilen widersprechenden Begierden, die die Seele kanalisieren muß, indem sie lernt, Frieden, Ruhe und selbstlose Liebe zu verwirklichen.

Der Solarplexus ist das Kraft- oder Energiezentrum des physischen Körpers. Er hängt mit Wachstum und Entwicklung des Astralkörpers zusammen. Starkes Verlangen, Enthusiasmus, Aktion und Ehrgeiz sind hier angesiedelt. Ebenso wie das Sakralchakra besitzt er kreative Möglichkeiten auf allen Ebenen. Die üblichen Freuden, Kümmernisse, Befürchtungen und Ängste unseres Alltags konzentrieren sich im Solarplexus. Aufgrund der feurigen Emotionen dieses Chakras kann die Seele, verzehrt von Verlangen, in einer bestimmten Richtung weitergetrieben werden. Es mag sich dabei um den Wunsch nach Erfolg und Leistung handeln, nach öffentlichem Beifall, dem Verlangen nach emotionaler Befriedigung, nach Partnerschaft mit einer bestimmten Person, nach erfolgreichen Kindern oder nach persönlichem Besitz. Auf höherer Ebene kann der Wunsch nach dem Erreichen spiritueller Ziele auftreten, das wohl trügerischste Verlangen überhaupt, denn es kann zu geistigem Stolz führen, was konsequenterweise den Absturz der Seele mit sich bringt. Zudem führt ein Wunsch zum nächsten, und sobald der eine gestillt wurde, jagt die Seele zum anderen, immerfort suchend, wollend, und selbst wenn alle Wünsche in Erfüllung gingen, bleibt die Ruhelosigkeit zurück.

Der im Solarplexus zentrierte Astralkörper kann auf diese Weise zum wahren Schlachtfeld widersprüchlicher Gefühle werden. Zu Beginn der Entwicklung schwelgt die Seele, die ihr Bewußtsein in den Astralkörper legt, geradezu in der beständigen Aufeinanderfolge unterschiedlicher, stark emotionaler Zustände, die die Aura in grelle Farben tauchen können. Doch sobald ein gewisses Maß an mentaler und emotionaler Beherrschung erlangt wurde, reflektiert die Aura die Farbenpracht himmlischen Bewußtseins. Den Solarplexus kann man daher als Spiegel betrachten, der entweder die Herrlichkeit der himmlischen Sonne oder aber die grausigen Feuer niederer Astralregionen reflektiert. Wird dieses mit dem Gesichtssinn verknüpfte Chakra stimuliert, öffnet sich der Blick für diejenige Bewußtseinsebene, mit der die Seele in Einklang schwingt.

Die Sonne durchschreitet ihr eigenes Zeichen, das des Löwen, zwischen dem 23. Juli und 23. August (Sonnen-Tierkreis) oder dem 5. August und 2. September (Mond-Tierkreis). Dieses Zeichen drückt das Feuerelement in seiner fixen Variante aus, beharrlich, kraft- und liebevoll sowie ehrgeizig. Durch dieses Element, insbesondere im Sonnenzeichen Löwe, lernt die Seele allmählich die Lektion der Liebe, sie lernt die Unterscheidung des emotionalen Impulses, der die Wunschnatur anregt, von der wahren Liebe, die letztlich vollkommene Selbsthingabe beinhaltet, die Unterwerfung der eigenen Wünsche und Begierden des niederen Selbst in der Vereinigung mit einem geliebten Menschen; oder sie erwirbt – auf breiterer Basis – eine grenzenlose Ausstrahlung von Wärme und Wohlwollen, eine stützende Stärke, die von der Seele ausgeht, ähnlich der physischen Sonne, die Licht, Leben und Inspiration schenkt.

Die Feuerzeichen führen die Seele schließlich zu einer Form bewußter Aufopferung, ja sogar Heroismus. Selbstsüchtiges Verlangen löst sich auf in der Liebe zu einer anderen Seele oder zu einer guten Sache, für die sie sich mit ganzem Herzen einsetzt. Der Solarplexus, Zentrum des astralen Wunschkörpers, wird bei vorliegender Betonung des Feuerelementes stets Enthusiasmus, Streben, Wärme und Impulsivität in der menschlichen Natur hervorrufen, eine feurige Triebkraft, die zum weisen oder törichten Handeln anspornt, abhängig davon, in welchem Maße die Seele auf die Disziplinierung des Saturn reagiert. Bemerkenswerterweise steht Mars, der so eng mit der solaren Energie sowie mit dem *Surya*- oder Sonnen-Zentrum verbunden ist, im Steinbock, dem von Saturn regierten Erdzeichen, erhöht, ein Symbol dafür, wie die göttliche Sonnenenergie in die Erde herabgezogen und in das Wurzelchakra eingeschlossen wird, um allmählich nach oben kanalisiert zu werden, damit sie die einzelnen Chakras (oder psychischen Zentren) belebe und durchlichte, bis schließlich alle in Harmonie schwingen und ihre eigene spezielle Energie in das gesamte Sein ausstrahlen.

Nach und nach flammen alle Chakras, von der Wirbelsäule bis hinauf zum Kopfzentrum, in grenzenloser solarer Energie auf, die vom Meister aus dem Herz-Zentrum heraus gelenkt und kontrolliert wird. Die legendäre Gestalt des Apollo, des Sonnengottes, lenkt ihren Wagen mit den sieben Rössern quer über den Himmel: In dieser Symbolik steht das Leben des physischen Körpers für einen »Lebenstag«, der in vollem Bewußtsein der immerwährenden Herrlichkeit der Sonne gelebt wird, die das

Erdenleben durchstrahlt, um jeden einzelnen Tag zu verschö-
nern. Ein ähnliches Bild finden wir in der Bhagavat Gita.
Krishna (der Herr, das Christus-Sein) lenkt den Wagen Arjunas,
des kriegerischen Prinzen (des erleuchteten Selbst). In westli-
cher Symbolik lenkt die Sonne den Wagen des Kriegers Mars.

Die Aura der Seele, die gelernt hat, in ihrem eigenen Sein die
Zügel aller planetarischen Kräfte zu ergreifen, erstrahlt in herr-
licher, duftender Farbenpracht. Gemeinsam scheinen ihre Farben den harmonischen Klang des jeweiligen Seelenstrahles zu
singen, der dem Leben als Ganzes ein einzigartiges Geschenk
darreicht.

Betont ein starker Marsaspekt die Sonne in einem Feuerzeichen des Horoskops, kann das Karma Gelegenheiten zu Pionierarbeit bieten, was großen Mut und Willensstärke erfordert.
Diese Stärke mag durch ein Leben der Hingabe und Selbstaufopferung als Vorbereitung auf eine derartige Mission verdient
worden sein. Wenn jedoch ein starker Saturnaspekt die Mars-
schwingungen einengt und verhärtet, kann die Seele im gegenwärtigen Leben Kummer und Frustration begegnen, sei es
durch ältere Menschen, ernste finanzielle Beschränkungen oder
aber durch einen schwächenden Gesundheitszustand.

In einem derartigen Falle kann sich bisweilen die feurige
Energie von Enthusiasmus und Verlangen nach Leistung in Ärger niederschlagen, der, wird er unterdrückt oder innerlich zurückgehalten, unter Umständen schwere Depressionen auslöst.
Es besteht ein enger Zusammenhang zwischen dem feurigen So-
larplexus-Zentrum und dem Willen, wobei beide mit Mars verknüpft sind. Naturgemäß kämpft unsere Wunschnatur um ihren
eigenen Weg und rebelliert gegen karmische Bedingungen.
Doch ein Teil der zu erlernenden Lektion besteht darin, den Eigenwillen aufzugeben und stattdessen den göttlichen Plan in unserem Leben zu akzeptieren.

Dieses Annehmen des göttlichen Willens tritt gewöhnlich dann ein, wenn nach leidvollen, herzzerreißenden Erfahrungen in geheimnisvoller Weise ein das Leben erfüllendes, wachsendes Vertrauen in die göttliche Liebe und Weisheit geboren wird. Die wahre Kraft der Christussonne tief im Herzen kann nur dann hervorleuchten, wenn Wünsche und Ambitionen des persönlichen Selbst bis zu einem gewissen Grad verblassen oder aber die Ablehnung eines Herzenswunsches die Seele an den Punkt der Kreuzigung brachte. Mythen und Geschichten aller Religionen berichten vom Sonnenhelden, der sein Leben um einer Person oder Sache willen hingibt. Diese Aufopferung oder Umwidmung der Sonnenenergie bringt die Seele dazu, das wahre Licht zu suchen, das sie im Herz-Zentrum findet. Die Hauptprüfungen auf dem Pfad der Einweihung betreffen die Fähigkeit, zwischen der wahren Liebe und Weisheit des sanften Christusselbst im Herzen und der starken Kraft des Eigenwillens, jener noch nicht völlig gezügelten Sonnenenergie, zu unterscheiden. Der Wille, einige persönliche Wünsche zu erfüllen, kann diese stille innere Stimme des Gewissens, die zu wahrer Erleuchtung und geistiger Entfaltung führt, leicht überfahren.

Bedenken wir, wie stark der Mond, der die begrenzte Persönlichkeit des gegenwärtigen Lebens-Tages repräsentiert, auf die Erdanziehung reagiert, so ist es leicht zu verstehen, wie die Sonnenenergie durch Mars derart nach unten ausgerichtet und von den Belangen des kleinen Selbst mit seinen persönlichen Interessen überflutet werden kann, daß man die Seele fast als tot bezeichnen muß – zumindest tot für die höheren Lichtsphären. Doch sobald sie auf die Anziehungskraft der Sonne reagiert, wird ihr himmelwärts gerichtetes Streben zunehmen, indem sie zunächst Familienmitgliedern und lieben Freunden selbstlos dient und später, in ihrem sich stets erweiternden Einflußbereich, der Menschheit als Ganzes.

Im Solarplexus finden wir das Schlachtfeld dieser beiden gegensätzlichen Kräfte. Der Mond zieht die Seele in persönliche, irdische Interessensgebiete, die Sonne läßt sie, gleich einer züngelnden Flamme, höhere Bewußtseinsstufen anstreben.

Zwischen dem 20.März und 19.April durchläuft die Sonne das kardinale Feuerzeichen Widder. Unter diesem Zeichen geborene Seelen reagieren besonders auf Mars, den Kriegerplaneten, voller Feuer, Energie und Aktion, was dem Charakter Stärke, Selbstvertrauen, Mut und Unabhängigkeit verleiht. Er befähigt die Seele, durch harte Arbeit und Zielstrebigkeit alle Hindernisse zu überwinden. Er herrscht über das Metall Eisen und vermittelt daher eine eisenharte Natur, die tapfer alle rauhen Bedingungen durchsteht. Bleibt sie jedoch unkontrolliert, äußert sie sich im Umgang mit anderen durch eine gewisse Härte und Schärfe, ein Ausdruck mangelnder Wertschätzung der Empfindsamkeit des Mitmenschen.

Symbolisch für den kämpfenden Krieger regiert Mars alle Angriffswaffen einschließlich der Feuerwaffen sowie scharfe, spitze und heiße Gegenstände – Scheren, Nadeln, Messer und Schwerter – auch Bügeleisen, Schmelz- und Hochöfen, in denen Eisen zu Stahl gehärtet wird. In der Natur regiert Mars scharfe, stimulierende Pflanzen und Gewürze, wie zum Beispiel Senf, Pfeffer, Ingwer, Rettich, Meerrettich, Kakteen, Enzian, Knoblauch, Zwiebeln, Hopfen, Disteln, wilde Rosen und Nesseln, ebenso wie Dornen und stachelige Bäume. Mars ist der Planet tatkräftigen, praktischen Handelns, getrieben von dem Willen, augenblickliche Resultate zu erzielen. Heftigkeit und ein feuriges Temperament sind Schwächen, die ihn veranlassen können, seine eigenen Ziele durch unüberlegtes und überstürztes Handeln zu vereiteln. Doch Mut, Energie und Ausdauer lassen ihn auf scheinbar ungewöhnliche Weise siegen.

Marsgeborene fühlen sich zu Arbeiten hingezogen, die eine

Kombination aus mentaler und physischer Energie verlangen, wie zum Beispiel Ingenieure, Schreiner, Chirurgen oder ganz allgemein jede Tätigkeit, bei der man scharfe, heiße oder spitze Werkzeuge benötigt. Häufig arbeiten sie in einem Zustand der Anspannung und der unbewußten Erregung, ängstlich bemüht, fertig zu werden, um die nächste Arbeit in Angriff zu nehmen. Durch diese beständige Anspannung können Kopfschmerzen, Migräne, Neuralgien oder Fieber auftreten, ebenso wie Unfälle und Schwierigkeiten aufgrund nervöser Überanstrengung.

Mit Skorpion mag sich die Spannung hinter einem ruhigen Verhalten verbergen, doch die eher emotionale als physische oder mentale Überanstrengung kann Stauungen und Entzündungen in den Ausscheidungs- und Genitalorganen hervorrufen.

Eine wichtige Lektion für Seelen auf dem Mars-Strahl besteht in der weisen Kontrolle und Lenkung der Sonnenenergie, die sie besonders stark durchströmt. Trägheit kennen sie nicht, stets haben sie das Empfinden, etwas »tun« zu müssen, wirkliche Entspannung fällt ihnen schwer.

Mars, erhöht im Erdelement Steinbock, zeigt der Seele, daß sie lernen muß, ihre Energien im weisen Dienst an der Gemeinschaft zu kanalisieren, mit geduldiger Beharrlichkeit, nicht in ängstlichem Bemühen um rasche Ergebnisse. Die langsame, beständige Saturnschwingung wird ihr helfen, still und gut weiterzumachen, ihre Bemühungen planend und weise einteilend.

Die Ausübung von *Hatha*-Yoga, Judo oder anderen marsischen Kunstfertigkeiten, welche die Koordination körperlicher und geistiger Energien lehren, unterstützen in besonderer Weise den Lernprozeß, sich unnötiger Anspannung oder einer Energieverschwendung bewußt zu werden. Viele von uns verziehen beim Öffnen einer Flasche oder bei anderen einfachen Handgriffen ihre Gesichtsmuskeln und beißen die Zähne zusammen.

White Eagle hat wiederholt hervorgehoben, daß ein Meister niemals Energie verschwendet. Wir alle müssen die Kraft entwickeln, unsere Aufmerksamkeit still und konzentriert auf physische und mentale Aktivitäten zu lenken.

Position und Aspekte des Mars im Horoskop zeigen an, wie die solare Energie, die Lebenskraft, ihren Ausdruck findet und sich hauptsächlich auf physischer, mentaler oder emotionaler Ebene manifestiert. Mars bringt Freude, doch auch Kummer (zwei Seiten einer Münze). Es ist die Freude des Strebens nach einem angestrebten Ziel und sein Erreichen, die Freude der Mühe und Pionierarbeit, besonders wenn Energie und Begeisterung einer geliebten Sache oder Person gewidmet sind. Kummer befällt den Marsgeborenen durch Streit und Mißverständnis aufgrund hitzigen Temperamentes oder übereilten Handelns − und natürlich wenn der Tod einen geliebten Menschen dahinrafft. Da Mars die Wunschnatur intensiviert, werden sowohl Freude als auch Leid tiefer empfunden.

Mars regiert vor allem das erste Haus des Horoskops, das mit Widder in Verbindung steht und den Sonnenaufgang der neuen Inkarnation repräsentiert. Es weist auf das Handwerkszeug hin, mit dem die Pilgerseele auf die Erde zurückkehrte, um sich erneut mit den Problemen und Versuchungen physischen Lebens auseinanderzusetzen und die durch die Sonnenstellung angezeigte Seelenlektion intensiver zu lernen. Das Tierkreiszeichen, das an der Häuserspitze des ersten Hauses aufgeht, zeigt die Besonderheiten des äußeren Selbst in den Augen der Mitmenschen an. Es verleiht die physische Form sowie die Eigenschaften durch die das ewige Selbst − das Christus-Selbst − die Erfüllung des Inkarnationszweckes sucht.

Das dritte mit dem Solarplexus verbundene Feuerzeichen finden wir in dem veränderlichen von Jupiter regierten Schütze-Zeichen, das die Sonne in der Zeit vom 20. November bis 20. Dezember durchschreitet. Sein Symbol, der Bogenschütze, der seinen Pfeil himmelwärts richtet, weist eindeutig auf das Streben und den Ehrgeiz der unter ihm Geborenen hin. »Der Himmel ist die Grenze«, lautet ein gültiger Grundsatz des Schützen, da man Jupiter seit alters her als den Herrn des Himmels betrachtet, launenhaft, mit einer Vielzahl von Aspekten ausgestattet, Donner und Blitz eingeschlossen. Im Schützen manifestiert sich das Freiheitsbedürfnis in der Liebe zum Reisen, sei es auf dem See- oder Luftwege, sowie in dem Wunsch nach Tätigkeiten im Freien, was das oftmals überanstrengte Nervensystem entspannt. Die Karriere mag mit irgendeiner Form von Versand, Reisen oder Überseeangelegenheiten verquickt sein. Sie können sich intensiv mit einer Sportart befassen, vorzugsweise mit Rennen, wobei es keine Rolle spielt, ob es sich um Pferde-, Auto- oder Bootrennen handelt, denn sie lieben jenes Gefühl freudiger Kraft, die Geschwindigkeit mit sich bringt. Doch besonders im Alter bedürfen die Schützen der Aktivität des Geistes, weniger des Körpers. Die Kultivierung des höheren Verstandes besitzt große Bedeutung für sie, und das Studium der Philosophie, Medizin, Kunst, Geisteswissenschaft und Metaphysik liegt in ihrer Natur.

Der Zentaur, ein altes Mysteriensymbol des Schützen, stellt eine Kreatur aus Pferdekörper und menschlichem Haupt dar. Diese legendären Wesen wurden als weise Lehrer und Berater der Götter und Helden verehrt, da sie aufgrund ihrer dualen Gestalt sowohl die animalischen als auch die göttlichen Aspekte menschlicher Natur verstanden. Sie konnten ihren Schülern helfen, die Quelle göttlicher Weisheit, die sie bei ihren Arbeiten stärken und ermutigen würde, im eigenen Sein zu entdecken. Dieses Symbol steht im Zusammenhang mit der feurigen Seite des Jupitereinflusses.

Die beiden Symbolfiguren, Oannes, der Fischgott, und der

Zentaur, das menschliche Pferd, weisen auf die Beziehung des Jupiter zu Verstand und Bewußtsein des Menschen auf allen Manifestationsebenen hin, von der vorbewußten — den Tiefen des Ozeans — bis hin zur unterbewußten sowie bewußten Stufe und schließlich empor zum überbewußten Selbst, das wir nur im Gebet, in der Meditation oder während des Schlafes zu berühren vermögen. Durch unseren persönlichen Führer und Lehrer empfangen wir hier Weisheit und Inspiration aus der himmlischen Welt. Zum Geist sagt Arthur Conan Doyle:

»Krankheit nimmt ihren Ursprung nicht, wie man annehmen möchte, im Mentalzustand des Menschen, sondern gewöhnlich weitaus tiefer. Es trifft zu, daß sie mitunter im Bewußtsein des Menschen beginnt, manchmal auch im Unterbewußtsein, häufiger jedoch im Vorbewußtsein. Unter Vorbewußtsein verstehen wir jene Bewußtseinsebene, die jenseits des gegenwärtigen Lebens liegt und aus vergangenen Leben mitgebracht wird, jenes Bewußtsein, das viele ›Zeitalter‹ oder Inkarnationen zurückreicht.«

Der nach oben gerichtete Pfeil des feurigen Schützen erinnert uns an die dringende Notwendigkeit, daß jede Seele nach jener göttlichen Inspiration trachten muß, die das irdische Bewußtsein zu wandeln und zu erleuchten vermag. Dieses durch den Schützen verliehene instinktiv himmelwärts gerichtete Bestreben — dieses Greifen nach den Sternen — hilft der Seele, sich aus der rein persönlichen und selbstsüchtigen Wunschnatur zu erheben, um nach geistigem Wissen und Verständnis zu suchen.

Schütze erinnert uns ebenfalls an die anderen Chakras des niederen Dreiecks. Während Fische die Füße regieren, herrscht Schütze über Schenkel, Hüften und Kreuzbein. Beide Zeichen sind mit Milz und Leber verbunden, dem Lagerhaus körperlicher Energie; außerdem befassen sich beide Zeichen über Blutkreislauf, Lymph- und Nervensystem mit der Zirkulation der

Lebenskraft im Körper sowie – vor allem – mit der Wiederbelebung des Körpers durch bewußte Aufnahme des göttlichen Atems. Schütze und sein polares Gegenüber Zwillinge stehen in engem Zusammenhang mit der magischen, lebensspendenden Kraft richtiger Atmung.

Nur wenige Menschen erkennen die Heilkraft, die über die Füße aus der Mutter Erde emporgezogen werden kann. Die Füße sind ganz besonders empfindsam und aufnahmefähig für die Lebenskraft, und wenn wir lernen, sie in der richtigen Weise zu gebrauchen, und erkennen, wie wichtig sie für unsere körperliche und geistige Gesundheit sind, wird es uns möglich sein, Kraft und Weisheit der göttlichen Mutter bewußt aufzunehmen.

Modernes Schuhwerk preßt die Zehen zusammen und wirft den gesamten Körper aus seiner aufrechten Geraden, so daß ein Emporziehen der verfügbaren Lebenskraft aus der Erde unmöglich wird. Ratsam wäre es, im Haus barfuß oder in warmen, losen Socken herumzugehen, die den Füßen genügend Bewegungsfreiheit geben. Spreize die Zehen, indem du versuchst, jede einzelne in Kontakt mit dem Boden zu bringen und ihren jeweiligen Strahl der Stärke und magnetischen Kraft in den Körper zu ziehen.

Jupiter, Herrscher des Schützen, und Merkur, sein polares Gegenüber, sind beide mit den Händen und Füßen verbunden. Die fünf Zehen und Finger sollen nicht nur an die fünf großen Gesetze erinnern, die menschliches Leben regierenden, sondern darüber hinaus an die fünf *yamas* oder *niyamas* des Yoga, die wie die Zehn Gebote jene universalen Richtlinien für Gesundheit, Harmonie und Einheit mit allem Leben, auf Erden wie im Himmel, gibt. Jupiter, der große Gesetzgeber, vermag durch den höheren Verstand Gedanken und Handlungsweisen hervorzurufen, die zu gesundem Wachstum und heilsamer Entwicklung unseres eigenen Lebensbaumes führen.

Auf physischer Ebene kann uns die bewußte Kontrolle unserer Haltung dabei unterstützen, uns besser auf die höhere Lichtwelt − den himmlischen Vater − sowie der Kraft und Weisheit der Erdenmutter, der Formgeberin, einzustellen. Mit gespreizten Zehen, wie oben beschrieben auf dem Boden ruhend, das Körpergewicht zwischen Fersen und Zehen (denke an das »Kahnbein«) exakt ausbalancierend, fühlt man das sanfte Aufwärtsziehen des inneren Lichtkörpers, von der Fußsohle durch Beine und Schenkel zum Herzen emporsteigend und dann hinaufziehend zum oberhalb des Scheitels erstrahlenden Stern des höheren Selbst. Dehne leicht den Nacken und lasse die Schultern von den Ohren hinweg nach unten sinken. Fühle, wie die Füße sich wie Wurzeln in die Erde senken und die Lebenskraft wie den Saft eines Baumes durch die Beine emporziehen, gleichmäßig und stark, direkt zum Herzen, das sich aufrichtend dem Himmel öffnet. Ruhig atmend fühle Licht durch deinen Kopf ins Herz hinabströmen, wo Macht und Wille des Himmlischen Vaters mit der durch die Füße emporgezogenen kreativen Kraft der göttlichen Mutter zusammentrifft. Um es mit F.M. Alexander auszudrücken: »Lasse den inneren Blick tief in deinem Herzen verweilen«, wo diese beiden Kräfte sich vereinen − und das Licht hervorbricht, dieses Licht − der Christus-Stern − des Herrn und Heilers, der das gesamte Leben überwacht.

Als hilfreich erweist sich die morgendliche und abendliche Übung der »Lichtbaum«-Atmung*, da sie den Kontakt zum göttlichen Selbst stärkt und uns besser verstehen läßt, wie der Körper als Tempel des Geistes dient. Vom Herzen ausgehende Affirmationen können die körperlichen Bewegungsübungen des Lichtbaumes in positiver Weise unterstützen. Verweile zum

---

* Siehe die White Eagle Publishing Trust Schrift „Health and Happiness through the Way you Live".

Beispiel solange bei den physischen Bewegungen und dem sanften, rhythmischen Ein- und Ausatmen, bis Verstand und äußeres Selbst zur Ruhe gekommen sind und du dich in deinem eigenen Lichtbaum zu Hause fühlst. Empfinde die wunderbare Kraft dieses mächtigen Baumes, den Kontakt zu Himmel und Erde, und bekräftige mit deinem Herzen: *»Göttlicher Friede erfüllt mein Herz...göttlicher Friede...göttlicher Friede.«* Wiederhole diese Worte ruhig, bis dir bewußt wird, daß der gleichmäßige Rhythmus deiner Atmung in Einklang mit dem ewigen Lebensrhythmus schwingt – mit Sonne, Mond, Gezeiten und Jahreszeiten. Fühle das Licht der Sonne in deinem Herzen erglühen. Dann sprich die bekräftigenden Worte: *»Die Christus-Sonne strahlt in meinem Herzen, jede Zelle meines Seins durchdringend und heilend.«* Wiederhole diese Worte dreimal in deinem Herzen, die göttliche Kraft still einatmend.

Diese Übung eignet sich ausgezeichnet als Einleitung zu einer Meditation und ruhigen Atemübung. Sie mag im Stehen oder Sitzen ausgeführt werden, die Wirbelsäule möglichst aufrechthaltend, damit das Licht auf- und abwärts fließen kann. Sobald gleichmäßige Atmung und Einschwingung das äußere Selbst beruhigt haben, solltest du zwei bis fünf Minuten lang in der absoluten Stille deines Herzens, der Sonne – dem Christus-Selbst – verweilen, genügend Zeit, um dich für den anstehenden Tag mit Kraft und innerer Ruhe zu wappnen. Dann kehre bewußt auf die äußere Ebene zurück, indem du einige Male tief durchatmest. Ziehe das Licht durch den linken Fuß empor, leite es über den Kopf und die rechte Körperseite wieder hinunter, um den Kreis zu schließen. Wiederhole diesen Vorgang dreimal, so daß ein Lichtkreis dich einhüllt.

Bedarfst du in diesen stillen Augenblicken der Erkenntnis jener Christuskraft in deinem Inneren zur Unterstützung der Kontrolle irgendeines speziellen Lebensbereiches, so wiederhole die Affirmation, daß die Christuskraft dir stets die notwendige Stärke zur Meisterung der zu erfüllenden Aufgabe geben möge.

Doch stecke dir keine allzu hohen Ziele – schule und transformiere das niedere Selbst Schritt für Schritt – und befolge White Eagles Worte: »Schreite unermüdlich vorwärts.« Fühlst du das Bedürfnis, die »ganze Rüstung Gottes anzulegen«, um dich für die Probleme deines äußeren Lebens zu wappnen, beende die Meditation wiederum mit ein- oder zweimaliger Lichtbaumatmung, indem du die Kraft der Muter Erde durch das Zentrum deines Seins, durch Herz, Kehle und Kopf emporziehst, während du die Arme leicht über deinen Kopf hebst. Dann senke sie bis zur Schulterhöhe, um den Kreuzbalken inmitten des Lichtkreises zu bilden. *Denke* dies bei deinen Bewegungen.

Zweifellos vermag jede Seele auf diese Weise allmählich zu lernen, die wohltuende Kraft des höheren Verstandes zu gebrauchen, die innere Jupiterenergie, die das gesamte Leben in Bahnen des Friedens, der Harmonie und des Erfolges lenkt.

Ein wesentlicher Faktor geistiger Heilung besteht in der Behandlung des Solarplexus, was der durch konstanten Kampf verwirrten, erschöpften und zermürbten Seele ganz besonders wohltut. Sie trägt dazu bei, stürmische Emotionen zu besänftigen und von Groll, Ärger und Frustration zu befreien, die das Auflodern der Sonnenflamme blockieren. Während der Behandlung dieses Zentrums muß Frieden im Heiler schwingen, das heißt, er muß sein Bewußtsein dem erhabenen Friedensengel öffnen. Der stärker werdende Strahl dieses Friedens schwächt die stürmischen Wogen des Verlangens und der Emotionen im Patienten allmählich, bis die stillen Wasser des Bewußtseins schließlich die Himmel widerspiegeln. Wie Jesus für seine Jünger den Sturm beschwichtigte und die Herrschaft über ihr Boot übernahm, so kann der Heiler im Patienten die Christuskraft, die Sonnenkraft, erwecken, so daß die Energien lichtwärts streben. Mit Erwachen des höheren Bewußtseins wird der geistige Führer und Lehrer dieser Seele herangezogen.

Jedes Leben gelangt an einen Punkt, wo vermeintlicher Fehlschlag oder Verrat die Seele ans Ende ihres Weges zu bringen scheint, völlig erschöpft, überwältigt vom Leid und von hoffnungsloser Trostlosigkeit. Ebenso wie Jesus drei Tage in dem mit einem riesigen Stein verschlossenen Grab lag, verharrt die gekreuzigte Seele in Dunkelheit. Sie nimmt den wunderschönen, sie in Licht hüllenden Schutzengel nicht wahr. Doch stets erscheint der Sonnenengel, wenn die Zeit gekommen ist, um den Stein hinwegzurollen; neues Licht dämmert herauf. Niemand wird während seiner dunkelsten Stunden alleingelassen – der Schutzengel weicht nicht von der Seite der Seele und gießt Licht und Segen ins Herz, auf die Wiedergeburt wartend, die jubelnde Auferstehung.

Die Erhöhung der Sonne im Widder weist auf die Bedeutung des physischen Körpers sowie auf die Wichtigkeit der während einer physischen Inkarnation gelernten Lektionen für die vollkommene Entfaltung des Gottesbewußtseins hin, das schließlich alle Lebenssituationen durchstrahlt und die Seele befähigt, die Elemente zu beherrschen, zunächst in der eigenen Natur und dann in der äußeren Welt. Diese Macht haben die Meister der Weisheit demonstriert und seit alters her den Weg zum Ziel, der jeder Seele offensteht, gewiesen.

Das Mars-Element in uns drückt den aufwärts strebenden Aspekt unserer Natur aus, zunächst aus eigennützigen Motiven, später, infolge einer durchlebten Kreuzigung, streckt sie, mit neuer Kraft, die Hand nach der göttlichen Gegenwart aus. Die flammende Sternenenergie in unserem Sein vereinigt bei seinem Streben zum Himmel das Herzchakra mit dem Licht des ewigen Selbst und bricht als sechsstrahliger Stern lodernd hervor, Symbol der durch die Christus-Sonne erleuchteten Seele.

10

Das Anahata-Chakra (Herzchakra) und das Luftelement

Seelenlektion: Bruderschaft
Element: Luft
Sinn: Fühlen und Berühren
Lotossymbol: zwölf Blütenblätter,
ein sechsstrahliger Stern im Zentrum

Die beiden Planeten Venus und Merkur stehen ihrer traditionellen Ordnung gemäß mit den Chakras oberhalb des Zwerchfells (höheres Dreieck) in Verbindung. Ihre Umlaufbahnen liegen innerhalb der Erdbahn, wodurch sie dem Sonnenlicht stärker ausgesetzt sind als die Erde. Der Mond, der, wie wir sehen werden, mit der Erleuchtung der Kopfzentren zusammenhängt, wandelt zwischen Erdanziehungskraft und dem strahlenden Glanz der Christus-Sonne, ein astrologisches Merkmal zwar, doch unschwer mit bloßem Auge zu beobachten.

Die erfahrenen Astrologen Zentralamerikas studierten eingehend den Zyklus des Planeten Venus, den sie ganz besonders verehrten und in ihren Ritualen besonders hervorhoben. In regelmäßigen Zeitabschnitten bleibt die Venus während ihrer Sonnenumkreisung für den Beobachter auf der Erde unsichtbar, da sich ihr Licht im nahen, viel helleren Licht der Sonne verliert. Nach einem solchen Intervall der Unsichtbarkeit erscheint sie dann entweder vor Sonnenaufgang als Morgenstern oder aber als der im Westen untergehende friedvolle Abendstern. Den Indianern Zentralamerikas kündete sie speziell die Wahrheit der

137

Reinkarnation. Ihr Erscheinen als Morgenstern betrachteten sie als Ausdruck jugendlicher Freude und Schönheit am Anfang einer Inkarnation, da das Leben ewig zu währen scheint, voller Möglichkeiten zum Erfolg. Und wieder bleibt Venus dem menschlichen Auge eine Zeitlang verborgen. In ihrem erneuten Aufstrahlen am Abendhimmel sah man den aus der Schlacht zurückkehrenden Krieger, die Wunden vernarbt, erschöpft oder triumphierend nach einem anstrengenden Leben des Dienens, glücklich über errungenen Fortschritt, doch traurig über die im Laufe der irdischen Prüfungen und Versuchungen gemachten törichten Fehler. Die Seele ist nun bereit, die Sorge um den physischen Körper still niederzulegen und vereint mit der Sonne Ruhe und Erholung in der goldenen Welt Gottes zu finden. Ebenso wie der Morgenstern, war sie mit dem unsterblichen himmlischen Zwilling Pollux verbunden – als Abendstern wäre sie gewissermaßen Castor, der sterbliche Zwilling –, bereit, die Bürde des Körpers abzustreifen. Bemerkenswerterweise betrachteten die Astrologen der alten Maya-Kultur Venus nicht als weibliche Göttin, sondern verknüpften sie mit den großen Zwillingsbrüdern, die in unserer heutigen Astrologie unter das Zeichen der Zwillinge und deren Regenten Merkur fallen.

Die Verknüpfung der Venus mit den Zwillingsbrüdern des Himmels, Castor und Pollux, scheint eindeutig auf das magische dreizehnte Zeichen des Mond-Tierkreises hinzuweisen, auf Arachne, die Spinne, die die letzten fünf Grad des Stiers und die ersten dreiundzwanzig Grad der Zwillinge einnimmt und somit den Einflußbereich von Venus und Merkur miteinander verbindet.

Saturn, Hauptplanet des Wurzelchakras *(Muladhara)*, regiert Wassermann und steht in der Waage erhöht, wodurch er ebenfalls wesentlich zur Erweckung des Herzchakras beiträgt. In den Lehren der Mayas gab es einen dritten über das Zwillingspaar

138

herrschenden Gott, der für den Geist des Planeten als ganzes stand, der – sozusagen – die Waagschalen hielt, in denen die Seele zwischen den einzelnen Inkarnationen gewogen und geprüft wurde. In der esoterischen Astrologie könnten wir diesen dritten Gott Saturn gleichsetzen, der die Seele zurück in die Knechtschaft der Inkarnation zwingt, unsere Schritte auf dem Weg zum mündigen Manne, zur mündigen Frau, lenkt und der Verwirklichung einer Verbrüderung mit allem Leben prüft. Die drei Planeten – Venus, Merkur und Saturn – bewachen also den Tempel des Herzens. Die Hieroglyphen des Ägyptischen Totenbuches stellen dieselben Gedankengänge dar; die Seele wird nach dem Tode gegen eine Feder gewogen. Es handelt sich hierbei um die symbolische Darstellung dessen, was im Tempel unseres innersten Seins geschieht, wenn wir im Angesicht der Flamme, des Geistes, stehen, um in vollkommener Aufrichtigkeit den Fortschritt in dem soeben abgeschlossenen Leben sowie den Beitrag zur Weiterentwicklung des Panoramas aller Leben beurteilen, wodurch wir schrittweise unseren solaren Körper aufbauen. Diesem »Tag der Beurteilung« muß jede Seele zu einem bestimmten Zeitpunkt nach dem Tode gegenübertreten, wenn jede unerwünschte Substanz des niederen, irdischen Selbst zurückgelassen wurde. Einer Pflanze im Herbst gleich, die tote Blätter, Blüten und Stiele abstreift, zieht sich die Seele für eine Periode inneren Wachstums und der Überprüfung der Entwicklung des nächstes Jahres tief in die Wurzel zurück. Wir werden mit diesem »Tag der Beurteilung« nicht eher konfrontiert, als bis wir bereit sind – innerlich stark genug sind –, der Wahrheit ins Antlitz zu blicken, um herauszufinden, was zur Vervollkommnung des Seelentempels noch fehlt.

Die Sonne durchschreitet Arachne in der Zeit vom 13. Mai bis zum 10. Juni (die Daten variieren in jedem Jahr geringfügig). In diesen Zeitraum fällt der Vollmond des buddhistischen Wesakfestes oder, wie White Eagle ihn bezeichnet, der Christusmond (der Vollmond im Stier oder Zwilling). Jeder Vollmond bietet Seelen auf dem geistigen Pfad eine ausgezeichnete Gelegenheit, sich für den Licht- und Segensstrom aus der himmlischen Welt zu öffnen. Ihre Aufnahmefähigkeit basiert auf einer Beschleunigung von Ätherkörper und psychischen Zentren, wenn die Sonne dieses Zeichen passiert. Arachne fällt unter das Element Äther. Die letzten Grade des Stiers sowie die dreiundzwanzig beginnenden Grade der Zwillinge verleihen den Planeten Venus und Merkur eine besondere Stellung. Sie regen den höheren mentalen und die himmlischen Körper an, was uns befähigt, eine Lichtbrücke zwischen Himmel und Erde – einen Lichtstrahl aus dem Herzen der Sonne – geradewegs hinab in die physische Materie zu schaffen.

Es besteht eine enge Verbindung zwischen dem Herz- *(Anahata)* und Wurzelchakra *(Muladhara),* verdeutlicht dadurch, daß Venus, Merkur und Saturn sowohl die Zeichen der Erdelemente als auch jene der Luft regieren. Daran zeigt sich die entscheidende Bedeutung des physischen Lebens für das Reifen der Seele. Wenn die Seele zum ersten Mal die geistigen Werte erkennt, mag sie versucht sein, irdischen Verantwortungen sowie normalen menschlichen Beziehungen zu entfliehen und, wie White Eagle es ausdrückt, in »einen Zustand nebulöser Verklärung« zu flüchten – in der Annahme, spirituelles Leben bedeute ein ständiges Dahingleiten auf süßen, lichten Wolken, mit astrologischen Worten, ganz Luft, nicht Erde zu sein. Doch wahre Heilige sind gewöhnlich recht praktische Menschen, die um die enge Verknüpfung von physischer und geistiger Welt wissen. Bruder Lawrence zeigt in seinem Buch *The Practice of the Presence of God* vor allem, wie selbst die nüchternsten Aufgaben, erfüllt aus Liebe zu Gott (oder aus Liebe zu dem die mitmenschliche Seele durchlichtenden Gott) das Bewußtsein in himmlischen Frieden und himmlische Freude versetzen kann.

Das Herz- oder *Anahata*-Chakra bildet vom Gesichtspunkt des Strebenden aus den Schlüssel zu geistiger Entfaltung. Nur im Zentrum unseres Seelenlebens, im inneren Tempel, können wir echte Führung finden, die uns auf dem Weg der Erfahrung, den die Seele vor Eintritt in die physische Inkarnation wählte, Licht und Kraft schenkt. Dieses Chakra steht vor allem mit Venus in Beziehung, und Venus regiert die Waage, das Zeichen von Harmonie und Gleichgewicht, in dem Saturn erhöht steht. Saturn seinerseits, Regent des Wassermanns und polares Gegenüber des königlichen Löwen, verleiht ein zunehmendes Verantwortungsgefühl für den Mitbruder und das Leben selbst. Er diszipliniert die ungezügelte Wunschnatur und bringt Prüfungen der Geduld und Ausdauer, die die Seele tatsächlich wiegen, aber auch jenen unsterblichen, herrlichen Solarkörper mit der Zeit erbauen, von dem alle Seelen eines Tages Gebrauch machen werden.

Als nächstes in der traditionellen Anordnung folgt Merkur. Er regiert Zwillinge und Jungfrau − Zeichen der Schriftsteller, Buchhalter und Bibliothekare − und hält im Herz-Zentrum jede Reaktion der Seele auf die Prüfungen und Versuchungen des täglichen Lebens fest, aber auch, inwieweit sie der inneren geistigen Stimme, die sie auf den Pfad der Bruderschaft führt, treu geblieben ist.

Eine besondere Beziehung besteht zwischen dem Luftelement und dem Geist, der Entfaltung irdischer wie auch himmlischer Weisheit, die gemeinsam die Seele jene ewigen, das Leben beherrschenden Gesetze verstehen lassen. Übermannt von den Sorgen und Problemen persönlichen Karmas gelangen die Menschen an einen Punkt, an dem sie verzweifelt fragen, »Warum, warum, warum? Wo liegt die Ursache für dieses Leid? Es kann mit Sicherheit keinen Gott geben, der so etwas zuläßt.« Zwingen der Schrei nach Verstehen, die Sehnsucht nach Licht die Seele spontan in die Knie und fleht sie um Beistand und Führung, so bleibt ein solches Gebet *niemals* unbeantwortet.

Zwischen dem *Surya-* und dem *Anahata*-Chakra liegt ein weiteres, kleineres, das sogenannte *Manas*-Chakra, nach Iyengar, der Sitz des Gefühl, der Imagination und Kreativität, das durch richtiges Atmen zu harmonischer Aktivität angeregt werden kann. Es steht in enger Beziehung zum Herzen, *anahata*. Die gemeinsame Aktivität dieser beiden Chakras führt zu Hingabe und dem tiefen Verlangen nach innerem Wissen, was dem Aspiranten dabei hilft, sich von sinnlichen Freuden zu befreien und Spiritualität zu entwickeln.

Am 22. Mai tritt die Sonne in die Zwillinge ein und verläßt dieses Zeichen am 22. Juni (Sonnen-Tierkreis) oder sie durchwandert es vom 10. Juni bis 8. Juli (Mond-Tierkreis). Dieses besonders luftige Zeichen der Zwillinge stellt das Luftelement in seiner veränderlichen (wandelbaren) Form dar. Das Symbol der himmlischen Zwillinge trifft auf Seelen mit einer Betonung in diesem Zeichen genau zu, da diese zwischen den Höhen der Freude und Inspiration und den Tiefen der Depression und Mattigkeit hin- und herschwingen können. Mit ihrem empfindsamen und oft verspannten Nervensystem leiden sie leicht unter nervöser Erschöpfung, insbesondere wenn Routinearbeit sie bindet, die kaum mentale Anregung bietet. Sie brauchen eine Tätigkeit, die beständig für Abwechslung und Veränderung sorgt – möglichst auch kurze Reisen einschließt. Sie bewähren sich ausgezeichnet als Kommunikatoren und Vermittler.

Sie vermögen sich selbst weitgehend dadurch zu helfen, daß sie eine richtige Atmung erlernen und ausüben, denn die Zwillinge regieren die Lungen, Schultern, Arme und Hände. Im Körper sind Herz und Lungen besonders eng miteinander verknüpft. Das venöse Blut transportiert die bei seiner Zirkulation durch den Körper absorbierten Unreinheiten, wird in die Lunge gepumpt und dort gereinigt und belebt. Nach wahrer geistiger Vereinigung suchende Menschen erkennen sehr bald die Bedeutung kontrollierter Atmung, da der Atem sowohl den Ätherkörper als auch das Nervensystem stark beeinflußt. Das Zwerchfell, jener große, schirmförmige Muskel, der niederes und höheres Dreieck der Chakras voneinander trennt, spielt eine wesentliche Rolle in der Atemkontrolle. Berufsmäßige Sprecher und Sänger wissen darum. Doch es liegt nicht so eindeutig auf der Hand, daß dieser Muskel maßgebend dazu beiträgt, eine bewußte Verbindung zum höheren Verstand, zur zeitlosen Weisheit des Herzens, herzustellen und zu festigen. Die erste Lernstufe der Meditation und auch der Geistheilung besteht in einer Einstimmung auf den eigenen, gleichmäßigen Atemrhythmus.

Durch bewußt ruhiges Atmen, den Geist auf das Christuslicht im Herzen konzentriert, beginnen wir, nicht nur Sauerstoff, das unser physisches Leben energetisierende Gas, in jede einzelne Zelle unseres Seins aufzunehmen, sondern zugleich Gottes Lebenskraft, die den Lichtkörper aufbaut und kräftigt. Licht und Vitalität durchströmen unseren Blutkreislauf. Auf seinem Weg durch den Körper erneuert und stärkt das Blut alle Zellen, indem es sie von Unreinheiten säubert. Doch mehr noch, ruhige, gleichmäßige Atmung unterstützt Kontrolle und Lenkung der Gedankenkraft, so daß das heilende Licht des Geistes mit vermehrter Kraft und Wirksamkeit ausstrahlen kann, um andere, notleidende Seelen zu heilen. Hierin liegt die spezielle Lektion des Luftelementes, ein wesentlicher Faktor beim Voranschreiten der Menschheit in das neue Wassermann-Zeitalter.

Herzchakra und Luftelement intensivieren den Tast- und Gefühlssinn. Die stufenweise angenommenen Lektionen der Elemente sowie der Einbau ihrer speziellen Qualitäten in den See-

143

lentempel aktivieren das Herzchakra in zunehmendem Maße, so daß sich der Gefühlssinn zu einer alles umfassenden, liebevollen Einschwingung auf das gesamte Leben ausdehnt. Wir beginnen, uns buchstäblich »in Berührung« mit dem Naturreich zu fühlen, mit unseren Freunden des Tierreiches, mit Freunden und geliebten Menschen auf der Erde und in der geistigen Welt – denn in diesem sich entfaltenden Bewußtsein der Bruderschaft mit allem Leben kann es keine Trennung, keinen Tod geben, nur Wandel und Wachstum, verbunden mit zunehmender Wahrnehmung der Nöte anderer sowie der liebevollen Reaktion darauf. Vor allem aber erkennen wir nun, daß wir in Gott leben, uns bewegen und unser Sein in ihm ruht, dessen Liebe, Weisheit und Kraft stets jede menschliche Not tilgte und tilgen wird. Wir leben in Frieden.

Das Herzchakra, Basis des höheren Dreiecks, liegt im Zentrum des Brustkorbes, der von den zwölf Brustwirbeln und den damit verbundenen zwölf Rippenpaaren gebildeten Körpermulde, die Herz und Lungen schützend birgt. Dementsprechend wird dieses Chakra von den zwölf Tierkreiszeichen mit ihren Seelenlektionen umgeben, und in seinem Mandala erkennen wir den zwölfblättrigen Lotos, den sechsstrahligen Stern in seiner Mitte. Erst wenn die Seele durch die niederen Chakras genügend Erfahrung gesammelt hat, um das physische Leben gut und entschlossen zu bewältigen, und Verständnis für die praktischen Bedürfnisse der Mitmenschen zeigt, kann sie die spirituelle Suche beginnen. Vorrangige weltliche Interessen lassen uns zu viele anregende Ziele und Dinge verfolgen, zu viele persönliche Wünsche befriedigen. Eine solide Wissens- und Erfahrungsgrundlage, auf der sich das Unterscheidungsvermögen entwickelt, bildet eine unumgängliche Stufe des Seelenwachstums. Infolge von Leid, schmerzlichem Verlust oder Versagen, unter Umständen sogar infolge von Langeweile bei materiellen Vergnügen, beginnt die Seele dann, sich nach Licht auf ihrem weiteren Weg und nach einem sie tragenden Vertrauen zu sehnen.

White Eagle vergleicht den Exodus mit dem inneren Drang der Seele, sich aus den Verstrickungen niederer Wünsche zu befreien. Der biblischen Erzählung zufolge führte Moses die Israeliten (Kinder der Sonne) aus dem Land Ägypten, aus dem Hause der Knechtschaft, um das Gelobte Land zu suchen. Doch dies war erst der Anfang. Das Gelobte Land lag noch in weiter Ferne. Den Israeliten standen eine weite Wanderung und Zeiten der Unruhe und Unzufriedenheit bevor, ehe sie fanden, wonach sie suchten. Diese Lernphase drückt sich im Tierkreis mit seinen Lektionen und Prüfungen der zwölf (oder dreizehn) Zeichen aus, die besser verstanden werden, sobald sich das Herzchakra zu öffnen beginnt. In *Die vier großen Einweihungen* erklärt White Eagle die von jedem Element gelehrte Seelenlektion, den Schlüssel zur esoterischen Astrologie.

Venus und Merkur können ihre verborgenen, feineren Qualitäten erst in dem Augenblick manifestieren, in dem die Seele anfängt, geistige Werte zu erkennen und − vergleichbar mit der Pilgerreise des Christen − die bewußte Entscheidung zu treffen, den Pfad, der sie zur Verwirklichung der goldenen Welt Gottes führt, zu betreten. Zunehmendes Eindringen dieser Erkenntnis in den Herzensverstand, begleitet von dem stets stärker werdenden Gefühl der Einheit und Bruderschaft mit allem Leben, belebt die höheren Chakras in Kehle und Kopf. White Eagle lehrt, daß die Entwicklung der Menschen- und Gottesliebe im Herz-Zentrum die Entfaltung der Chakras auf gefahrlose und harmonische Weise fördert.

Saturn, Herrscher des Wassermanns und im Herz-Zentrum eng verbunden mit Venus und Merkur, wurde häufig als »Brücke« zu den höheren Welten bezeichnet. Er stärkt unser Verantwortungsgefühl, und schließlich erkennen wir intuitiv, daß es nicht auf die Menge spiritueller Übungen, mit denen wir Körper und Geist trainieren, ankommt. Keine wirkt, solange sich das durch Erfahrung empfindsam gewordene Herz-Zentrum nicht in brüderlicher, dienender Liebe dem Leben öffnet. Dann beginnt sich die Schönheit der Venus in der Gestalt eines vollkommenen, himmlischen Körpers zu manifestieren, während der Engel des Merkur seine Flügel im Herzen ausbreitet. Er hebt das Bewußtsein in göttliche Sphären empor, indem er das Kehlkopfchakra erweckt und schließlich, gemeinsam mit dem Planeten Uranus, dem Lichtbringer, jene herrliche Bewußtseinserweiterung bewirkt, in der wir keine Trennung zwischen Erde und Himmel mehr kennen.

In der Regel erstrahlt der helle Planet Venus am Morgen- oder Abendhimmel, in unmittelbarer Nähe der auf- oder untergehenden Sonne. In gleicher Weise leuchtet sie am klaren Himmel inneren Bewußtseins, indem sie die Sehnsucht nach Frieden, Harmonie und Schönheit in die Seele senkt. Vor allem aber vergeistigt sie unser Leben. Sie schenkt die Erfahrung der Liebe und des Glücks auf menschlicher Ebene, wodurch wir allmählich lernen, göttliche Liebe zu verstehen. Bei harmonischer Stellung und Aspektierung der Venus im Horoskop, insbesondere zum Mond, kann der Planet durch Familienleben, Freundschaft und zwischenmenschliche Beziehungen das Leben äußerst glücklich gestalten. Venus verleiht eine spontane Wertschätzung der Schönheit der Form, des Klanges und der Farbe und steht daher im allgemeinen an herausragender Stelle im Horoskop von Künstlern, Musikern, Bildhauern, Innenarchitekten, Modedesigners, Kosmetikerinnen sowie jener Menschen, deren Arbeit in irgendeiner Weise Wohlbehagen, Harmonie und Schönheit in das Alltagsleben bringen.

Ihr kardinales (aktives) Luftzeichen Waage (23. September bis 24. Oktober) steht im Zusammenhang mit dem siebten Haus des Horoskops, dem Haus der Ehe und der Partnerschaften aller Art, andererseits aber auch des offenen Hasses und Konfliktes, der Gerichtsprozesse oder – im nationalen Horoskop – des Krieges. Planeten im siebten Haus können außerdem auf eine Lebensweise hinweisen, die in irgendeiner Form mit öffentlichem Auftreten verbunden ist.

Alle Luftzeichen lehren die Lektion der Brüderlichkeit. Der Venusaspekt unserer menschlichen Natur manifestiert sich in unseren engen Beziehungen; je nach Stellung und Aspektierung zu sonstigen Planeten im Horoskop gestalten sie sich friedfertig oder auch nicht. Die Waage verleiht den Wunsch, Harmonie, Einheit und Verständnis für die Ansichten anderer zu fördern. Sie schenkt taktvolles, umgängliches Verhalten mit einem natürlichen Empfinden für Diplomatie und somit die Fähigkeit, heikele Situationen zu umschiffen, die Verhandlungen zunichtemachen könnten. Seelen mit starker Venus- oder Waagebeeinflussung eignen sich ausgezeichnet zum Vermittler, da sie es verstehen, Konflikte und Meinungsverschiedenheiten zu positiv abschließenden Lösungen zu führen.

Auf physischer Ebene regiert Waage die Nieren und Nebennieren. Sie sensibilisiert, wie alle Luftzeichen, das Nervensystem, das durch ein disharmonisches Umfeld rasch erschüttert werden kann.

Ebenso wie Venus durch ihr Erdzeichen Stier die physische und ätherische Ebene gestaltet, fördert Waage die Anwendung unserer Gedankenkraft, um in der Seele jene Lichtatome einzubauen, die uns die Schönheit, Gesundheit und Harmonie im physischen Körper und in unserer Umwelt manifestieren lassen.

Es erscheint seltsam, daß das Herzchakra nicht mit dem Feuerelement verknüpft ist sondern mit dem Luftelement, obwohl Löwe das körperliche Herz regiert. Doch die Sonne, Regent des Löwen, steht Saturn, dem Herrscher des Wassermann, genau gegenüber. Durch das Herzzentrum wirken beide gemeinsam an einem wachsenden Verständnis für die wahre Bruderschaft des Geistes mit, an der Lektion des Wassermann-Zeitalters. Saturn, Venus und Merkur befassen sich mit der Entwicklung der höheren mentalen und göttlichen Körper, aus denen die Sonnenflamme des unvergänglichen Selbst in ihrer ganzen Strahlkraft hervorleuchten kann. Doch die Wirkungsweise dieser Körper gestaltet sich weitaus subtiler, als es allgemeinhin verstanden wird. Sie vermögen ihre einzigartigen Qualitäten erst in dem Moment völlig zu manifestieren, in dem das göttliche Feuer reiner, aufopferungsvoller Liebe, die sich infolge menschlicher Lebenserfahrung innerhalb des niederen Dreiecks entwickelt hat, die höheren Chakras aktiviert.

Es ist unschwer zu verstehen, wenn White Eagle immer wieder vom Herzensverstand als der Quelle weiser Seelenführung spricht. Doch warum sollten Venus und Saturn in Zusammenhang mit dem Herzzentrum, dem Tempel des ewigen Geistes, der die jede Seele durch ihr Erdendasein führende Sonnenflamme beherbergt, eine derart wesentliche Rolle spielen?

Zunächst wollen wir die tiefere Bedeutung der Waage, der Waagschalen, betrachten. Sie symbolisiert das zeitlose Gesetz des Ausgleichs, eines der fünf großen Gesetze, die das menschliche Leben bestimmen. Sie weist auf das vollkommene Gleichgewicht hin, das jede Seele zu erreichen lernen muß, auf das Gleichgewicht zwischen äußerem und innerem Leben, zwischen den materiellen und spirituellen Seinsebenen, zwischen dem höheren und niederen Selbst und ebenfalls zwischen allen menschlichen Beziehungen. Es ist das Herz, in dem jene Energien des höheren und niederen Dreiecks der Chakras ausgeglichen werden müssen, um den vollkommenen sechsstrahligen Stern zu schaffen, Symbol der mystischen Hochzeit zwischen Verstand und Herz oder der Christuseinweihung der menschlichen Seele.

Diese Harmonisierung der Gegensätze muß sich im Herzen vollziehen. Daher obliegt es der Ergänzung des Sonnenzeichens Löwe, dem Wassermannregenten Saturn, die machtvolle, Geist und Körper durchströmende Sonnenenergie schließlich ins Gleichgewicht zu bringen und zu lenken. Diese Sonnenenergie wird durch die Wunschnatur des feurigen Mars (polares Gegenüber der Venus), der Solarplexus und Sakralzentrum energetisiert, geleitet. Diese beiden Planeten beleben die auf jeder Seite des *Surya*-Chakras – der Sonne – gelegenen Chakras und arbeiten gemeinsam an der Verwandlung feurigen Verlangens und der Leidenschaft in eine selbstlos dienende Liebe. Mars regiert über den Widder den energischen, vordergründigen Verstand – den Kopfverstand – der für den Dienst in der äußeren Welt unbedingt gebraucht wird. Venus regiert den Verstand des Herzens und erbaut mittels rein schöpferischer Gedankenkraft das Heiligtum des innewohnenden Geistes, jener still brennenden, ewigen Flamme. Diese Flamme verwandelt mit der Zeit das gesamte Leben, indem sie ihre sanfte, schöpferische Kraft in den Herzensverstand einfließen läßt, während die sie umgebenden Engel der Venus diese ins äußere Leben ausstrahlen.

Der gestrenge Lehrer Saturn stellt sicher, daß jede Lektion gewissenhaft gelernt und jeder Fehler berichtigt wird, bevor die Seele zur nächsten Stufe weiterschreiten kann. Damit einhergehende Härten und Frustrationen fördern die Entwicklung von Geduld und innerer Stärke, die uns für größere Möglichkeiten auf dem geistigen Pfad, für tiefere Freude und besseren Erfolg vorbereiten. Die Erhöhung des Saturn in der Waage betont abermals das göttliche Gesetz des Gleichgewichts, das stets eine Form des Ausgleichs – der Manifestation göttlicher Gnade – gewährleistet, ganz gleich wie hart eine Lektion auch sein mag.

Schwieriges Karma oder Leid zwingen die Seele, sich nach innen, ins Zentrum des Friedens, zu wenden, zu jener geistigen

Sonne im Herzen, durch die sie die Hilfe des göttlichen Trösters kennenlernen wird. Der sanfte Strahl der Venus, des Planeten himmlischer Barmherzigkeit und Liebe, wird Bitterkeit und Groll allmählich hinwegschmelzen, so daß anstelle von Selbstmitleid Vergeben, Verstehen und erwachende, brüderliche Liebe im Herzen wohnen.

Wie wir gesehen haben, hilft uns ein ruhiges, friedliches Atmen dabei, diese zarte Gnade, die ein überreiztes Nervensystem besänftigt und stürmische Emotionen beschwichtigt, wirksam werden zu lassen. Auf diese Weise können wir den angespannten, müden Körper allmählich in einen Zustand des Friedens und der Entspannung versetzen. Bewußt lösen wir uns von Sorgen, Schmerz und Angst, sobald wir unsere Gedanken auf den gleichmäßig fließenden Atem konzentrieren. Durch bewußt leichtes Atmen schwingen wir uns auf unseren eigenen Seelenrhythmus ein, und es wird uns möglich, in zunehmendem Maße auf den Einfluß der höheren Welt und die herantretenden, uns in himmlischen Frieden einhüllenden Engel der Venus zu reagieren. Wir öffnen unsere Herzen der liebevollen, strahlenden Bruderschaft der lichten Welt, die uns stärkt, tröstet und uns bei den harten Prüfungen des Saturns unterstützt.

Stehen wir vor einer schwierigen, karmischen Situation, sollten wir uns daran erinnern, daß sie Gelegenheit bietet zu lernen, wie wir die kreative Kraft der Venus, die durch das Luftzeichen Waage für die Bildung der Gedankenkraft sorgt, wirksam werden lassen können. Durch den Stier, den Erbauer, manifestiert sich diese Kraft gewöhnlich auf der physischen Ebene – in Ziegelstein und Mörtel. Doch es existiert eine weitaus subtilere Kraft, die der Venus. Gleichermaßen stark vermag sie durch gedankliche Kreativität dem Leben Schönheit und Harmonie zu verleihen. Positive Gedanken der Güte, Vergebung, Schönheit und Hoffnung versehen die Aura mit jenen Lichtatomen, die uns befähigen, immer stärker auf Inspiration und Führung der Bruderschaft des Lichtes in den höheren Welten zu reagieren. Auch sollten wir bedenken, daß es sich um eine negative Angewohnheit handelt, zu sehr in Schuld- und Schamgefühlen zu schwelgen. Durch die kreative Gedankenkraft der Venus, des Planeten himmlischer Liebe und somit der Vergebung, besitzen wir die Möglichkeit, das Gleichgewicht wiederherzustellen und dort zu heilen, wo wir vielleicht Schmerz verursacht haben.

Im Herzzentrum lernen wir, alle gegensätzlichen Elemente unserer Natur – die Konflikte zwischen Verstand und Gefühl – zu harmonisieren. Der sechsstrahlige Stern, Stern der Venus mit seiner mystischen Zahl sechs, symbolisiert dieses Gleichgewicht zwischen innerem und äußerem Verstand, höherem und niederem Selbst. Hell erstrahlt er am Morgen- oder Abendhimmel – er führt uns in den Sonnenaufgang eines neuen Tages oder zieht uns sanft zurück in die goldene Welt Gottes.

Moderne Wissenschaft und Raumfahrt scheinen den Beweis dafür geliefert zu haben, daß es kein Leben in unserem Sinne auf der Venus gibt. Trotzdem müssen wir begreifen, daß Ebenen existieren, die wir mit unseren rein physischen Sinnesorganen weder sehen noch berühren können. Selbst der niedere Ätherkörper, der mit der Physis so eng verwoben ist, bleibt für die meisten Menschen praktisch unsichtbar. Der Astralkörper wird noch weniger gesehen, und die höheren mentalen und göttlichen Körper bleiben der inneren Sicht völlig verschlossen, ausgenommen den Weisen und Adepten, die um das Geheimnis wissen, Kontakt zu diesen inneren Welten aufzunehmen.

Aufgrund ihrer Nähe zur Sonne steht Venus in enger Beziehung zu den höheren mentalen und göttlichen Ebenen; das dort sich vollziehende Leben liegt jenseits unseres Begriffsvermögens. White Eagle und andere spirituelle Lehrer haben uns über die für unseren irdischen Verstand unfaßbare Schönheit des Lebens auf der Venus berichtet. Auf diesem Planeten herrscht wahre Bruderschaft. Aus ihrer Mitte stiegen zu allen Zeiten große Lehrer auf die Erde herab, um göttliche Liebe in menschlicher Form zu demonstrieren und der Menschheit erneut die reine, heilige, erlösende Lehre der uralten, zeitlosen Bruderschaft des Lichtes zu bringen.

Wassermann, Zeichen des Saturn, das die Sonne zwischen dem 21.Januar und 19.Februar durchschreitet, lehrt die Seele die Lektion der Brüderlichkeit. Alle Luftzeichen befassen sich mehr mit der mentalen als mit der physischen Ebene. Sie wirken auf Verstand und Nervensystem, indem sie unsere Reaktion auf die inneren, höheren Seinsebenen stimulieren. Infolge seiner Erhöhung in der Waage unterweist Saturn die Seele im Laufe der Zeit darin, das Gleichgewicht zwischen entschlossenem Eigenwillen des niederen Selbst und dem Streben nach brüderlicher Liebe und Verständnis, Grundprinzip seines positiven Zeichens Wassermann, aufrechtzuerhalten.

Nur im Herzchakra, im Lichte der Christus-Sonne, wandelt sich allmählich die kalte, entschiedene Sachlichkeit des Saturn und seiner von ihm beherrschten Zeichen vom Eigenwillen und Selbstsucht zu dem verstärkten Wunsch, anderen zu dienen. Auf diese Weise entdeckt der einzelne eine himmlische Weisheit, die nur aus dem Herzensverstand entspringen kann, dem Verstand des höheren Selbst, der immer stärker die Einheit allen Lebens, die Bruderschaft von Engeln und Menschen erkennt.

Der logisch denkende sowie der unbewußte Körperverstand und die liebende Weisheit des Herzensverstandes, des überbewußten Verstandes, wie White Eagle ihn nennt, werden in der sogenannten mystischen Hochzeit miteinander verschmolzen.

Saturn kann uns helfen, Körper und Lebensstil weise zu disziplinieren, was entscheidend zu einer guten Gesundheit beiträgt.

Er fördert ebenfalls die Kontrolle und Lenkung der Gedankenkraft, eines Kanales, durch den die göttliche Magie das gesamte
Sein zu stärken und zu erneuern vermag. Jede Seele lernt mit
der Zeit diese Dinge.

Der Wassermann befaßt sich speziell mit der Gedankenkontrolle, eine Folge des Verständnisses für die lebensspendende
Atemkraft. Ruhige, kontrollierte Atmung öffnet Herz und höheren Verstand für die belebende Kraft des göttlichen Selbst, die
den Blutkreislauf durchströmt, wobei sie jede einzelne Zelle erneuert und heilt.

Die Kraft des Saturns wird besonders während der letzten Lebensjahre spürbar — nach dem siebzigsten Lebensjahr, wenn
der natürliche Grundrhythmus die sanfte Preisgabe einiger physischer Verantwortungen anzeigt sowie ein Sichzurückziehen
vom äußeren ins innere Leben stattfindet. In dieser Zeit kann
durch mentale und physische Disziplin eine Brücke zwischen
den beiden Welten erbaut werden, die ihrerseits dem Herzensverstand eine subtile Einschwingung auf das stille Ein- und Ausatmen der Natur ermöglicht. Es stellt sich eine innere Erkenntnis des ewigen Lebensrhythmus — Gezeiten und Jahreszeiten —
und eine Einschwingung darauf sowie auf den Rhythmus des
großen Zyklus der Ewigkeit ein. Im Herzen fühlt die weise
Seele, wie sie mit den Gezeiten des Lebens dahingleitet; still akzeptiert sie den Winter als eine Periode des Ausruhens und Sichzurückziehens, aber auch der inneren Wiedergeburt und Erneuerung.

Weihnachten, das Fest der Steinbock-Sonnenwende, läßt uns
voller Freude an den neugeborenen Christus denken und erscheint jeder Seele, die unter den Begrenzungen und Frustrationen schwierigen saturnischen Karmas leidet, als liebliches Symbol. Weihnachten bringt neue Hoffnung und die Gewißheit, daß
aus jeder Form von Disziplin und menschlichem Leid dieses

wunderbare Christusbewußtsein geboren wird, im Herzen gestärkt wird, um einen Frieden zu schenken, der jenseits allen irdischen Verstehens liegt.

11

Das Visuddha-Chakra (Kehlkopfchakra) und das Ätherelement

Seelenlektion: Vereinigung
Element: Äther
Sinn: Hören, Lauschen
Lotossymbol: weißer, offener Kreis,
umgeben von sechzehn Blütenblättern

Das mit dem *Visuddha*-Chakra verbundene Element ist der Äther oder der Raum, dessen Lotossymbol aus sechzehn Blütenblättern (vier mal vier) besteht. Äther vereinigt die subtile Essenz der übrigen vier Elemente, vergleichbar mit der Spitze der Großen Pyramide, die in vergangenen Zeiten die Sonnenstrahlen in einer Brillanz reflektierte, daß diese in das ganze Land Ägyptens hinausstrahlten. Nach White Eagle kann Ägypten den physischen Körper symbolisieren.

Während die zwölf Lektionen der Elemente, dargestellt durch die zwölf Zeichen des Tierkreises, nacheinander gemeistert werden, beginnt die Seele ihre eigene, einzigartige Qualität in Einklang mit den sieben planetarischen Strahlen zu entwickeln, die sich im Körper in den sieben, mit dem Kehlkopfzentrum verbundenen Halswirbeln widerspiegeln.

Die Entfaltung des Kehlkopfzentrums führt die Seele zu umfassenderem, tieferem Verständnis für die zeitlose, unveränderliche Wahrheit des Lebens. Dies hängt mit dem Gehörsinn auf der physischen und geistigen Ebene sowie mit den Stimmbändern und der Tonbildung zusammen. Der Planet Merkur, Regent der Zwillinge und der Jungfrau, wird traditionsgemäß mit diesem Chakra verknüpft. Jupiter, sein polares Gegenüber und der Herrscher des Schützen und der Fische, deutet auf die enge Beziehung zwischen Kehlkopf- und Milzchakra hin. Zwillinge, Schütze und Fische sind veränderliche Zeichen; die Dualität ihres Charakters steht für die Einheit von himmlischem und irdischem Bewußtsein, die von allen veränderlichen oder *Sattva*-Zeichen (Weisheit) gefördert wird. Sowohl Jupiter als auch Merkur sind mit dem Nervensystem und mit dem Ätherkörper, der Brücke zwischen geistiger und materieller Welt, verbunden und tragen selbst dualen Charakter. Das niedere Ätherische fügt sich über das Nervensystem und die endokrinen Drüsen eng in das Physische ein. Nach dem körperlichen Tod bleibt es noch für eine Weile aktiv, wird jedoch bald darauf in den Äther – den weiten Ozean des Lebens – zurückgezogen und von ihm absorbiert.

Der höhere Ätherkörper lebt als Träger der auferstandenen Seele weiter, als Lichtkörper, durch den Astral- Mental- und göttliche Körper wirken können. Die Seele verweilt nach dem physischen Tode noch eine Zeitlang auf der höheren Astralebene (im »Land des ewigen Sommers«, nach den Worten der Spiritualisten), in ganz ähnlicher Weise wie auf Erden, doch unbelastet von Zeit, Raum und wirtschaftlichen Zwängen. Arbeit bedeutet Freude, denn es bieten sich zahlreiche Gelegenheiten zu kreativer Unterhaltung, zum Lernen, Erforschen, um anderen zu helfen und zu dienen oder aber geistigen und intellektuellen Gaben Ausdruck zu verleihen, die auf eine Entwicklungsmöglichkeit warteten.

Während der physische Körper die Seele gefangenhält, verschmelzen der höhere und der niedere ätherische Körper mit den physischen Atomen. Der niedere Ätherkörper ragt etwa drei bis fünf Zentimeter über den physischen hinaus, bisweilen sichtbar als bläulicher Schatten. Die vom höheren Ätherkörper geformte Aura können nur Hellseher, ihrer erreichten Bewußtseinsstufe entsprechend, wahrnehmen.

Das Zeichen der Zwillinge steht für Kommunikation – den in Klang oder Symbol ausgedrückten Gedanken. Aktivierung des Kehlkopf-Zentrums weckt in der Seele das Verlangen nach Mitteilung – sie möchte ihre eigene, individuelle Note in der gewaltigen Harmonie des Universums erklingen lassen. Klang besitzt eine sehr starke, kreative Kraft, und mit der Entfaltung dieses Chakras werden zahlreiche neue geistige Fähigkeiten wirksam. Die mit dem Kehlkopfchakra verbundene Qualität ist Reinheit auf jeder Seinsebene. Es steht in besonderer Beziehung zur Jungfrau, dem Zeichen von Reinheit, Unterscheidungsvermögen und kindlicher Demut. Jungfrau läßt die Seele sprechen: *»Siehe, die Magd des Herrn; mir geschehe nach deinem Worte.«*

Die zunehmende Aktivierung des Kehlkopfzentrums äußert sich häufig in einer starken Betonung der Mentalkräfte. Ebenso wie bei den mit Jupiter verbundenen Sakral- und *Manipura*-Chakras besteht auch hier die Gefahr mentalen Stolzes und geistiger Arroganz, was den Pfad zu wahrer spiritueller Einheit mit dem Göttlichen, den die Seele letztlich sucht, versperrt. Sie mag, den Israeliten gleich, durch die Wildnis des Geistes wandern und das Manna der Unwirtlichkeit (die vielen unterschiedlichen Methoden, spirituelle Kenntnisse auf der mentalen Ebene zu erlangen) für wahre geistige Nahrung mißverstehen.

Der Weg schlichter Einfachheit, Demut und hingebungsvollen Dienens ist nicht leicht zu finden. Das enge Eingangstor wird von den Meistern beschrieben. Doch wenn die Seele sich beugt, um einzutreten, stillt erleuchtendes Verstehen ihren Hunger und tiefe, wundersame Heilkraft strahlenden Friedens erfüllt sie. Jungfrau, erhöht im Zeichen des Merkur, steht im Zusammenhang mit Gesundheit und Heilung, Ernährung und mit

medizinischen Fragen. Im Horoskop vieler Ärzte, Krankenschwestern, Ernährungs- und Gesundheitsfachleuten finden
wir dieses Zeichen in herausgehobener Stellung.

Das Kehlkopf-Zentrum kann sich zu einem starken Kraftzen-
trum entwickeln, vorausgesetzt, die Seele weiß mit den Lektionen der vier Elemente harmonisch und erfolgreich umzugehen
und der Herzensverstand wird aktiv. Dieser Prozeß ähnelt einem gewöhnlichen Studienweg. Der Student muß ein allgemeines, alle Themen umfassendes Examen bestehen, bevor er sich
spezialisieren kann.

Der quadratische Sockel der Großen Pyramide illustriert sehr
deutlich die Voraussetzung für ein festes, stabiles Fundament
zum Bau des Seelentempels – eine Grundlage aus Liebe, die
sich durch Selbstdisziplin, Humor, Toleranz und gesunden Menschenverstand manifestiert, eine Folge der aus den Lektionen
der Tierkreiszeichen stufenweise gewonnenen Erfahrungen.
Krishnamurti beschreibt in seinem ersten Büchlein, *Zu Füßen
des Meisters*, vier Hauptqualitäten, die lauten: Unterscheidungsvermögen, Wunschlosigkeit, Lauterkeit, und, die wichtig-
ste, Liebe.

Ohne diese sichere, beständige Stärkung und Charakterbildung wäre die Seele nicht reif für den Fortschritt auf dem speziellen Entwicklungsweg der planetarischen Strahlen und somit
der bewußten Verbindung mit den Engelkräften. Derartige spezielle Interessen können ganz spontan erwachen, zum Beispiel
durch ein Hobby, das mit zunehmender Faszination alles absorbiert. Die meisten Menschen werden die langweiligste Routinearbeit akzeptieren, wenn sie innerlich ihr Ziel im Auge behal-
ten, so daß sie allmählich das erforderliche Geschick und Verständnis erlangen, um zu einem Experten auf ihrem eigenen
Strahl zu werden – sei es für das Gebiet des Sports oder der physischen Aktivität, der Kunst, der kreativen Unterhaltung, der

wissenschaftlichen Forschung oder aber auf dem Weg spiritueller Entfaltung. Ungeachtet der Richtung, lassen sich lange Perioden sich oft wiederholender Arbeiten nicht vermeiden, um einen beruflichen Standard zu erreichen und zum Meister des eigenen Faches zu werden. Das Fundament der Pyramide muß ein Quadrat bilden – exakt, vollkommen und wahrhaftig.

Für die Seele auf dem Pfad spiritueller Entfaltung gilt dies in besonderem Maße. Es gibt keine Abkürzungen auf dem Wege zur Erleuchtung, denn sobald wir die inneren Seinsebenen berühren wollen, treten wir zunehmend schwierigeren Prüfungen gegenüber, die Stärke, Wahrhaftigkeit und Demut in unseren Seelentempel einbauen, damit wir den mächtigen Engelstrahlen gewachsen sind, die auf uns, einem Instrument gleich, während unserer Arbeit spielen.

White Eagle erläutert:»Der Eintritt in die Hallen der Weisheit und Einweihung wird erst dann erlaubt, wenn die Seele die niedere Natur besiegt hat. Keine Seele darf durch diese Pforte hindurchstürzen, Lesen allein führt nicht zum Ziel. Doch auch und gerade die einfachste, demütigste Seele auf Erden kann zum Tempel der Einweihung vorgelassen werden – aufgrund selbstloser, reiner Liebe und wahrhaft aufrichtiger Lebensführung. Gott möge dir diesen Segen schenken.«

Für die meisten Schüler besteht die sicherste Methode geistiger Entwicklung zweifellos in der Entfaltung des Herzchakras. Jede okkulte oder religiöse Aktivität, die nicht in erster Linie Wärme, Güte und weises Verständnis für die Nöte anderer Menschen wachruft, kann zu ernsthaften Problemen führen. Ohne diese gütige Liebe und Bereitschaft zum Dienen besteht die Gefahr geistigen Stolzes. Er kann zu Machthunger und Verlangen führen, oder dazu, andere Menschen kraft eines stark entwickelten Eigenwillens zu dominieren (verstärkt durch die dunkleren Engelstrahlen) – zu Wünschen, die unvermeidlich im Leid enden.

159

Mit zunehmender Strahlkraft und Aktivität des Herzchakras wird die Seele beginnen, sich verstärkt zu einem der sieben planetarischen Strahlen hingezogen zu fühlen. (Näheres zu den planetarischen Strahlen in dem Buch von White Eagle *Das große Astrologie-Buch*). Wachsendes Interesse und Aufnahmevermögen innerhalb einer bestimmten Entwicklungslinie wird die Seele schwungvoller und mit größerem Enthusiasmus vorwärtstragen. Es mag Inkarnationen geben, in denen sich ein spezieller planetarischer Strahl so ausdrucksstark manifestiert, daß die Seele in einer bestimmten Richtung geniale Fähigkeiten zeigt und der Welt mit einer Mission der Hingabe und Inspiration in ganz besonderer Weise dient, wie im Falle großer Musiker, Religionsstifter, Heiler oder Wissenschaftler. Mit den Worten Dr. Johnsons ausgedrückt: »Als Genius bezeichnet man einen Menschen, der über ungeheure, zufällig in eine bestimmte Richtung gelenkte Kräfte verfügt.«

Auf dieser Stufe spiritueller Entwicklung fühlt sich die Seele gedrängt, der Menschheit zu dienen. Aspiranten finden ihren Weg zu Zentren oder Schulen, in denen man sie lehrt, gemeinsam mit den Engeln der sieben Strahlen auf der inneren Ätherebene zu arbeiten. Diese Zusammenarbeit, die Bruderschaft von Engeln und Menschen, entwickelt sich in verstärktem Maße, je mehr wir uns dem Wassermann-Zeitalter nähern.

Gegenwärtig wird die Menschheitsseele angeregt, und zahlreiche Menschen dürfen die geistige Kraft und die tieferen Lektionen der Tierkreiszeichen besser verstehen. Der Wunsch zu dienen führt sie immer zu irgendeiner Form spiritueller Tätigkeit, so zum Beispiel in Zusammenhang mit der White Eagle Arbeit als Mitglied einer Fernheilungsgruppe, bei der man in einfacher Weise lernt, sich auf die himmlischen Kräfte einzuschwingen und in Zusammenarbeit mit den Heilungsengeln Farbstrahlen wirkungsvoll einzusetzen. Hierin bietet sich nicht nur eine Gelegenheit, notleidenden Seelen Licht und Heilung zu schenken, sondern diese Arbeit unterstützt auch den Heiler, Gedankenkontrolle zu entwickeln, ein wesentlicher Faktor bei der Ausstrahlung von Licht. Wiederum erweist sich das Symbol der Großen Pyramide als hilfreich. Führen wir uns die mathematische Genauigkeit dieser Dreiecke vor Augen und konzentrieren uns auf die geistige Lichtkraft an ihrer Spitze, mögen wir vielleicht erahnen, wie exakt und perfekt die Gedankenkontrolle sein muß, bevor wir das volle Potential des Kehlkopfchakras entfalten können.

Merkur regiert die Sprachorgane. Seelen, die damit beginnen, die Kräfte dieses Zentrums zu entfalten, fühlen sich häufig zur Redekunst, Lehr- und Dozententätigkeit, zur Schriftstellerei und Journalismus hingezogen – zu Tätigkeiten, die der Öffentlichkeit Gedanken und Ideen übermitteln. In der griechischen Mythologie finden wir Merkur stets in der Darstellung eines jungen Knaben, des Dieners des Jupiter, den sein Meister weise lenken und beschäftigen muß, da er ansonsten, nur so zum Spaß, großen Unfug anstellt.

Stark durch Merkur beeinflußte Menschen, besonders wenn sie aufgerufen sind, den geistigen Pfad zu gehen, bedürfen des Beistandes und der Aufsicht eines weisen Lehrers, damit sie Unterscheidungsvermögen und spirituelle Bewußtheit entwickeln. Nur so lernen sie, ihren eigenen Meister, das innewohnende Licht, zu erkennen und diesem zu gehorchen – eine schlichte Wahrheit, doch nicht so einfach, wie sie klingt. Oft verwechseln wir das wahre, innere Licht des Geistes mit dem Eigenwillen der Wunschnatur, dem Wolf im Schafspelz, der infolge von Arroganz und Geltungsbedürfnis die Seele so leicht auf Abwege führen kann. Hier liegt eine der größten Gefahren der raschen mentalen Entwicklung im augenblicklichen Zeitalter, das junge

Menschen ermutigt, »ihren eigenen Weg zu gehen«, ohne Unterweisung in die erforderliche Selbstdisziplin sowie der entsprechenden Voraussetzung, daß *jede* Seele dem Leben dienen muß. Häufig finden wir eine Ermunterung zur Selbstsucht, die bloß in Verwirrung und Elend führt. Der Pfad zur geistigen Erleuchtung bedeutet stille, bescheidene Aufopferung persönlicher Wünsche zugunsten eines liebevollen Dienstes am gesamten Leben.

Auf unserer gegenwärtigen Entwicklungsstufe vermögen verhältnismäßig wenige Seelen auf die feineren Schwingungen von Merkur und Jupiter zu reagieren. Wer weiß schon darum, Schönheit und Frieden in Worte zu kleiden, die aus dem Herzen der geistigen Sonne ins höhere Bewußtsein einfließen, vor allem durch Herz- und Kehlkopf-Zentrum, um das gesamte Sein des Menschen zu durchdringen? Merkur, der Götterbote, Planet göttlicher Weisheit und Intelligenz, regiert alle Formen der Kommunikation. Man mag ihn geradezu als den »göttlichen Computer« bezeichnen, durch den das höhere Bewußtsein – auf seiner vollkommensten Entwicklungsstufe – die gesamte kosmische Weisheit anzieht. Doch göttliche Weisheit und Liebe bedürfen stets eines Ausdrucksträgers, eines Vehikels, das die göttliche Mutter mit Hilfe der Engel der Venus (Herrscherin von Stier und Waage) aus dem weißen Äther – der subtilsten Materieform – schafft. Er muß mittels bewußter Gedanken- und Willenskraft gestaltet werden, zunächst auf himmlischer, dann höherer mentaler und astraler Ebene, danach auf der niederen mentalen Ebene sowie auf den verschiedenen astralen Stufen des »Landes des ewigen Sommers«, dann hinab durch die Ätherwelt des Naturreiches in die physische Manifestation auf Erden und schließlich durch das Erdelement in die menschliche Natur. Selbst der Stier, das beständigste, unerschütterlichste, praktischste und verläßlichste der zwölf Zeichen, besitzt noch eine starke Affinität zur Ätherebene und Feenwelt der Natur, während Jungfrau jene Reinheit des Herzens verleiht, die die Seele befähigt, Gott zu schauen – überall und in allem.

Seelen, die auf ihrem geistigen Weg beginnen, infolge ihres Dienens die Kraft der Engel zu verspüren, zum Beispiel in Heilungsgruppen und bei der Aussendung von Licht auf die Menschheit, aber auch im nüchternen Alltag, werden oftmals und in subtilster Weise hinsichtlich ihrer Demut, Einfachheit und treuen Ergebenheit gegenüber ihrem geistigen Lehrer geprüft. Das ist der »schmale Weg«, vergleichbar wohl mit dem Nadelöhr, durch das die Seele gehen muß, ehe sie das Königreich des Himmels betreten darf.

Mit Entwicklung des Kehlkopfchakras stellt sich allmählich ein vollkommenes Gleichgewicht ein, eine Annäherung von männlichen und weiblichen Seelenqualitäten, die zu jener Licht durchstrahlten Gemütsruhe führt, die der Merkurstab symbolisch darstellt, jener Zauberstab Caduceus, dessen ineinander verschlungene Schlangen die positiven und negativen Lebenskräfte versinnbildlichen, die an bestimmten Stellen (den Chakras) gekreuzt sind, während sie die Wirbelsäule emporsteigen, um das Scheitelzentrum, *Sahasrara*, zu erleuchten.

Die Entfaltung des Herzchakras erweckt und stärkt menschliche Liebe, was ein wachsendes Verantwortungsgefühl für das Wohl anderer mit sich bringt. Mit Entwicklung des Kehlkopfzentrums erweitert sich diese Menschenliebe und bezieht das Engelreich und alles Leben mit ein, ein Erkennen universaler Brüderlichkeit, ein Sorgetragen für jeden Aspekt des Lebens und der Natur bildet sich. Das bedeutet aber auch Unterscheidungsfähigkeit und Disziplin, über die zum Beispiel ein kluger Gärtner verfügt, der es versteht, hart zu beschneiden. Auch ein weiser Lehrer weiß, daß die strengen Prüfungen, denen sich die strebende Seele unterziehen muß, unumgänglich sind, sobald sie mit den Engelwesen zusammenarbeitet, um ihre Widerstandsfähigkeit für die Begegnung mit den ungeheuren Kräften kosmischer Strahlen zu stärken. Hierin liegen die von Merkur und Jupiter entfalteten Lektionen, da die Entwicklung des Kehlkopfzentrums ebenfalls die kreative Kraft des von Jupiter beherrschten Sakralchakras stimuliert, das die Pforte zur Ätherwelt öffnet.

Wir stehen erst am Beginn dieses Weges spirituellen Wissens, einer Wissenschaft, die nicht mit der Entwicklung des Kopfverstandes und des irdischen Gehirns einhergeht, sondern mit Entfaltung des höheren Bewußtseins. Dieses Bewußtsein erhebt sich aus dem Herzen und erblüht schließlich im Kronenchakra als der tausendblättrige Lotos kosmischen Bewußtseins.

12

Die Kopfzentren

AJNA: verbunden mit Sonne und Uranus
SOMA: verbunden mit Mond und Neptun
LALATA: verbunden mit Merkur und Pluto

Im physischen Körper beherrscht der Stier, der im Zeichen der Sonne erhöht steht, Kopf und Gesicht. Astrologen werden darin nicht nur eine Verknüpfung von Solarplexus (dem feurigen Astral- oder Wunschkörper) mit den Stirnlappen des Gehirns, sondern zusätzlich ein Symbol für jenes göttliche Licht sehen, das nach vollendeter Entwicklung des Sonnenkörpers erstrahlt. Das zwischen den Augenbrauen liegende *Anja*-Zentrum wird gewöhnlich das Führungszentrum genannt oder mit B.K.S. Iyengars Worten, der »Sitz der Freude«. Vollständige Aktivierung dieses Chakras bedeutet Beherrschung aller Körperzellen, so daß die Seele die Freuden göttlichen Lebens auf allen Seinsebenen erfahren kann.

Das Zentrum steht im Zusammenhang mit der im Widder erhöhten Sonne. Energie und Aktivität des Zeichens Widder kann den vordergründigen Verstand zum Schlachtfeld von Gedanken und Ideen machen, ähnlich wie der Solarplexus für die Gefühle. Wenn vorwiegend dieser Verstand die Erfahrungen des Lebens steuert, läßt dies erkennen, wie die Dominanz von Mars und Widder die Seelenenergien aufwühlt, so daß der Verstand, statt göttliche Intelligenz und Weisheit widerzuspiegeln, sich mit intellektuellen Ideen, Theorien und Ideologien beschäftigt. Die-

ser intellektuelle Aspekt des Verstandes kann äußerst ausgren-
zend wirken. Der Yogi arbeitet auf die Vereinigung des »kleinen
Selbst« mit dem ewigen Selbst hin. Eine zu starke Stimulation
des Intellekts führt zu dominierendem Eigenwillen; das Verlangen nach völliger Unabhängigkeit wird die Sehnsucht der Seele
nach Einheit überwältigen. Dies heißt nicht, das Bedürfnis, die
persönliche Identität nachzuweisen, sei falsch, denn in der Entdeckung unserer wahren Identität liegt der Sinn physischer Inkarnation. Jede Seele ist einzigartig, und wie der verlorene
Sohn muß sie weit reisen, um ihre Individualität fest zu begrün-
den. Die Erfahrungen dieser Reise und die Reaktionen der
Seele auf jedes einzelne Erlebnis tragen zur Gestaltung vollkommener Individualität bei, und die Seele erkennt schließlich,
daß sie nur in der Einheit mit dem göttlichen Geist wahre Sohn-
schaft finden kann. »Ich und der Vater sind eins«. In diesem Erkennen manifestiert sich kosmische Vollkommenheit.

In *The Return of Arthur Conan Doyle* erklärt Sir Arthur:
»Ich möchte diese Wahrheit immer und immer wieder hervor-
heben. Angesichts des ewigen, absoluten Gottes sich niemals
die Frage des Aufgehens stellen; und doch ist alles ein Aufge-
hen. Es handelt sich hier um ein Paradoxon – aber erkennt ihr
es nicht? *Eins*-Werdung bedeutet, Teil des *Ganzen* zu sein; *Alles*
zu sein, setzt *Eins*-Sein mit Gott voraus. Ein großartiger, trans-
zendenter Gedanke! Könnte der Mensch auch nur für einen kurzen Augenblick einen schwachen Schimmer dieser Wahrheit er-
haschen, die Weltsituation würde sich möglicherweise zum Besseren wenden. Es gäbe keine Reibungsflächen mehr, da der
Mensch seine *persönlichen* Ansichten in die Erkenntnis seiner
wahren Natur übertrüge. Den Menschen dorthin zu führen, war
das Anliegen von Jesus Christus.

Während unserer Anwesenheit möchten wir einen weiteren
Gedanken anheimstellen...den ihr wohl durchdenken mögt.

Auf der Ebene des Bewußtseins haben wir das Universale aufgerufen, das heißt, die Ganzheit allen Lebens. Der Mensch vermag die Elemente zu beherrschen und mittels seines Willens kann er auch schöpferisch tätig sein, indem er sein Bewußtsein mit der universalen, kreativen Lebenskraft erfüllt. Dieses Geheimnisses bedienen sich die Meister. Sie wirken in Einklang mit dieser Universalschwingung und bezwingen (oder eher kontrollieren) dadurch nicht nur alle sie umgebenden materiellen Elemente, sondern ebenso leicht auch die astralen sowie mentalen Elemente der entsprechenden Sphären.

Dies kann von einem Meister bewirkt werden, der unter Einsatz seiner Willenskraft (nicht der Willensstärke des physischen Verstandes) seine Schwingung erhöhen und somit beschleunigen kann, während er die Atome jeder dieser unterschiedlichen Ebenen anzieht. Haben sich diese konzentriert, schwächt er sie allmählich ab oder verlangsamt ihre Geschwindigkeit, bis sie nicht länger geistiger sondern physischer Natur sind, um einen Gegenstand oder eine Substanz nach seinem Wunsche zu gestalten.«

Bei bestimmten Meditationsmethoden muß die Konzentration auf das Zentrum zwischen den Augenbrauen, das sogenannte Dritte Auge, gelenkt werden. Hat sich dieses Zentrum vollkommen entwickelt, besitzt der suchende Mensch bewußte Kontrolle über jede Zelle des physischen Körpers; durchstrahlt vom Licht der geistigen Sonne, erfüllt die Seele ein Gefühl der Freude und der Selbstbeherrschung. Blitzartig mögen die ewigen Wahrheiten geschaut werden – die Herrlichkeit und Majestät des Schöpfers. White Eagle verbindet dieses Chakra mit dem Planeten Uranus; die esoterische Astrologie spricht vom »aufblitzenden Strahl«.

Doch die Seele muß bereit sein – geprüft und gestärkt durch Hingabe und Disziplin des Körpers, des Verstandes und der

Emotionen – ansonsten kann sich dieser aufblitzende Strahl unerträglich, ja verheerend auf die Physis auswirken. Die Seele kann die Wucht dieses göttlichen Lichtes gewöhnlich nicht eher verkraften, als bis das Kehlkopfchakra, *Visuddha*, vollkommen handlungsfähig ist, da das gesamte Nervensystem erschüttert werden kann, so als spalte der Blitz einen Baum. Der weise, um die Bedürfnisse seines Schülers und die Fähigkeiten der Seele wissende Lehrer wird auf dieser Stufe am dringendsten gebraucht.

Visuddha bedeutet Reinheit. Eine Aktivierung des Kehlkopfzentrums hebt allmählich einfache Menschenliebe zu göttlichem Mitgefühl und Verständnis empor, zu einer weisen Liebe, die über unbedeutenden Verletzungen und selbstsüchtigen Ansprüchen steht – zu einer Liebe, die das Gefühl der Einheit und Brüderlichkeit mit allen Lebensformen schenkt. Wenn diese Liebesweisheit heranwächst und die Seele zunehmende Selbstlosigkeit erlangt, erweitert sich die Kraft des Verstehens, und der Verstand wird stärker und positiver, gleichzeitig jedoch schlichter und bescheidener. Die Seele beginnt, Gott in allem zu erkennen, selbst in der winzigsten Manifestation des Lebens. *»Selig, die reinen Herzens sind«*, spricht Jesus, *»denn sie werden Gott schauen«*.

Die mit Erweckung des *Ajna*-Chakras einhergehende blitzartige Erleuchtung kann einer Seele, die die Stufe kindlicher Einfachheit und Reinheit erreicht hat, nur unermeßliche Freude bescheren.

Das *Visuddha*- oder Kehlkopfchakra steht in Beziehung zu Sprache und Klang, gedanklichem Ausdruck sowie der Kraft des kreativen Wortes. Das aus dem Kehlkopfchakra erklingende Wort kann mit der Stierphase der Arachne assoziiert werden – Stier, regiert von der Venus, ist das Zeichen, in dem der Mond erhöht steht. Das tief im Gehirn liegende *Soma*-Zentrum ist mit dem Mond verbunden und reguliert, nach Iyengar, die Körpertemperatur.

Subtiler interpretiert erkennen wir, wie die friedliche Ruhe des auf die Wasser der Seele scheinenden Vollmondes die feurige Hitze von Sonne und Mars, die bei zu rascher Anregung des *Ajna* − Zentrums übermäßig stark werden kann, auszugleichen vermag.

Wir dürfen nicht vergessen, daß außer dem Anstimmen des kreativen Wortes das *Visuddha*- und *das Soma*-Zentrum ebenfalls das Hörvermögen beeinflussen, die Kunst des Lauschens. Um wirklich zu horchen, müssen alle lärmenden, um Beachtung heischenden Gedanken verbannt werden und das Instrument − der Ätherkörper − muß sich bewußt auf die Stufe stillen Lauschens einstimmen, auf der die Seele die tieferen Ebenen wahrnimmt. Sie hört den Schrei nach Hilfe, vielleicht verborgen hinter den ärgerlichen, verbitterten Worten eines anderen. Sie nimmt die feinen Laute und Harmonien der Natur in Garten, Feld und Wald wahr. Vor allem aber vernimmt sie die sanft mahnende Stimme, die ruhige, stille Stimme des Meisters, des innewohnenden Christus, der unsere Schritte auf dem geistigen Pfad so unfehlbar lenkt. Diese erwachende Wahrnehmungsfähigkeit auf der inneren oder ätherischen Seinsebene garantiert die sicherste und untrüglichste Vorbereitung für eine Anregung des Kopfzentrums.

Das durch den zweiblättrigen Lotos dargestellte *Ajna*-Chakra kann sich nur entfalten, wenn alle Wünsche des persönlichen Selbst unter vollständiger Kontrolle stehen, wenn die Emotionen so lautlos und ruhig sind, daß die Seele einem stillen See gleicht, dessen klare Wasser die umliegende Landschaft klar wie ein Spiegel reflektiert. Der geschulte und beherrschte Verstand wartet gelassen; der einzige Gedanke gilt der Verehrung des Lichtes, dem ruhigen Ein- und Ausatmen der ewigen Sonne. In der Stille dieses Ein- und Ausatmens nimmt die Strahlkraft der geistigen Sonne an Intensität zu. Die regungslosen Wasser der Seele *(soma – der Mond)* werden Teil des weiten Ozeans des Lebens, in dem jeder einzelne Tropfen durchlichtet ist. In diesem Zustand absoluter Stille und Erleuchtung wird das an der oberen Stirnhälfte liegende *Lalata*-Chakra belebt und die Seele kann willentlich jeden gewünschten Wissensaspekt ins Bewußtsein bringen. Das entspricht kosmischem Bewußtsein, das mit Merkur, dem Götterboten, assoziiert ist, der sein volles Kraftpotential manifestiert.

Der Mond, Gebieter der Gezeiten, besitzt eine natürliche Verbindung zu Neptun, dem Herrn der Meere. In *Esoterische Astrologie* erläutert Alan Leo, daß Neptun an die Stelle des Mondes und Uranus an die der Sonne im Horoskop tritt, sobald die Seele jene Stufe erreicht hat, auf der die Kopfchakras vollkommen erwacht sind. Die emanzipierte Seele realisiert ihr Christus-Sein als Sohn-Tochter des Vater-Mutter-Gottes.

Schüler der Numerologie erkennen leicht die enge Verwandtschaft der Ziffern 1 (Sonne) und 4 (Uranus) sowie 2 (Mond) und 7 (Neptun). Die Rolle des Merkurs bei der Erlangung kosmischen Bewußtseins, dem Aufblühen des *Sahasrara*, des tausendblättrigen Lotos, verbindet diesen auch mit Pluto, jenem Planeten, dessen Einfluß die Höhen und Tiefen unseres Seins sowie die enge Beziehung zu den grenzenlosen sichtbaren und unsichtbaren Galaxien der Himmel erkennen läßt.

Kontrolle und Beruhigung des Geistes sowie Gedankenausrichtung mittels des göttlichen Willens (der über den Herzensverstand wirkt) tragen wesentlich zur Erweckung der Kopfchakras bei. Das Bewußtsein erhebt sich auf lichten Schwingen (die beiden Blütenblätter der Lotosblume) und das Kronenchakra öffnet sich, um das göttliche Licht zu empfangen. Das Aufblühen des tausendblättrigen Lotos führt zu einem nicht in Worte zu fassenden Bewußtseinszustand. Die Yogis nennen ihn *Samadhi*. Alle, die ihn je berührten, bezeichnen ihn als unbeschreibbar. Das vollständige Aufblühen der drei höheren Chakras − Herz, Kehle und Kopf − ruft einen tiefen Frieden, ein Erkennen göttlicher Liebe, Weisheit und Harmonie hervor, so daß der Begriff Zeit aufhört zu existieren. Selbst die astrologische Symbolik des Vollmondes kann hier nicht herangezogen werden, höchstens der Vollmond in einer Sommernacht, der auf die glänzenden Wasser eines stillen Sees scheint, besitzt jenen magischen Frieden. Dies entspricht dem *Bewußtsein* auf den göttlichen Ebenen, die die meisten Menschen auf ihrer gegenwärtigen Entwicklungsstufe nur gelegentlich zu berühren vermögen. Haben wir jedoch einmal das »Gelobte Land« geschaut oder jenen als »Neues Jerusalem« bezeichneten Bewußtseinszustand berührt, können wir nicht anders, als »wie die Kinder Israels« (die Kinder der Sonne) »unermüdlich voranzuschreiten« (um mit White Eagles Worten zu sprechen).

Wir, die wir dem White-Eagle-Pfad folgen, dürfen uns glücklich schätzen, da uns durch unsere Heiltätigkeit sowie unser Bemühen, Licht zur Unterstützung der Menschheit auszustrahlen, ein Weg des Dienens und der Hingabe gewiesen wurde. Die meisten Heiler der White Eagle Gruppe, besonders jene, die allein auf dem Wege der Fernheilung arbeiten, wirken anonym, ohne persönliche Motive und die Suche nach Anerkennung, und dennoch fahren sie vertrauensvoll fort, ungeachtet der Gefühle von Angemessenheit oder Unzulänglichkeit. In diesem demütigen Dienst und dem standhaften Streben nach der geistigen Sonne liegt die edelste, sicherste Methode den Sonnenkörper zu gestalten, alle Chakras, die physischen Energiezentren, zu stärken und anzuregen, so daß allmählich jede Zelle des physischen Körpers von göttlicher Energie und göttlichem Licht durchstrahlt wird.

Ivan Cooke schreibt in *The Temple Angel*: »Menschen und Engel sind dazu ausersehen, gemeinsam zu arbeiten, jeder der Unterstützung der anderen bedürfend. Dieses Band zu stärken und eine Arbeitsgemeinschaft zu bilden, heißt, die Engel für immer aus ihren Glasfenstern zu verbannen und sie als Mitarbeiter zu betrachten. Wir werden mit Sicherheit unsere Engel finden, sobald wir uns ihnen in Freundschaft zuwenden. Wir mögen sie leichter sehen, wenn wir nicht länger durch unsere Erdverhaftung blind für sie sind. Gewiß werden wir dann geistig wachsen und unsere Sensitivität und Kraft, jenseits der physischen Welt zu blicken, wird zunehmen. Die Engel haben ebenso an dieser Welt teil wie wir, und Menschen und Engel sollten sich hier auf dieser Erde miteinander verbinden, da beide die Verantwortung für ihr Wohlergehen tragen.

Berührt die Seele bei dieser Arbeit jenes Zentrum göttlichen Friedens, werden Augenblicke vollkommenen Glücks – Momente unbeschreiblicher Lichterfahrung – ihre Tätigkeit segnen. Die Heilungsengel, die sich jedem einzelnen helfend nähern, unterstützen auch die Erhebung des Bewußtseins, bis die Seele, fast ohne es zu bemerken, die himmlischen Realitäten teilweise wahrnimmt. Heiler, die an den speziellen Gottesdiensten zur Kommunion und Hingabe teilnehmen, stellen fest, daß sie sich für kurze Zeit von den Mühen erholen und lernen können, Herz und Verstand für den Segen und das Licht des Großen Heilers zu öffnen. In solchen Augenblicken vollkommenen Friedens und völliger Selbsthingabe mögen wir vielleicht beginnen, ein wenig von der Bedeutung der Bewußtseinserweiterung zu erfassen, die bei der Entfaltung des tausendblättrigen Lotos erblüht.

13

Das magische dreizehnte Zeichen

Das dreizehnte Zeichen, jenes der Arachne, scheint (wie wir gesehen haben), verquickt mit der Sternenkonstellation Auriga, nicht nur als Zeichen an sich, sondern auch als kleines Rad zu wirken, das das größere des Tierkreises antreibt.

Zu allen Zeiten bedienten sich Geheimbünde seines Symbols, des gleichschenkligen Kreuzes innerhalb des Kreises. Auf ihrer Suche nach dem Polarstern finden sich Seelen zu jenen Bruderschaften zusammen. Sie folgen dem Stern tief im Inneren ihres Seins, der das Individuum mit dem Herzen des Kosmos verbindet, dem Herzen Gottes – all-weise, all-mächtig, all-liebend. Sie suchen das Licht und die Kraft dieses inneren Polarsternes, der das gesamte Leben zu wandeln vermag.

Arachne, aus dem feinstofflichen Element Äther bestehend, ist mit dem siebten Strahl verknüpft, dem Strahl ritueller Magie und echter Medialität. Im Geburtshoroskop der auf diesem Strahl wirkenden Seelen finden wir häufig eine Betonung der Arachne-Grade des Tierkreises (die letzten fünf Grade des Stiers und die ersten dreiundzwanzig der Zwillinge im Sonnen-Tierkreis oder die entsprechenden polaren Grade des Skorpions und des Schützen).

Arachne, das subtilste (Zwillinge) und zugleich praktischste (Stier) Zeichen des Tierkreises, beweist mit dieser Kombination, daß Magie über eine solide, nüchterne Grundlage verfügen muß. Wir neigen dazu, diese als märchenhaften Traum zu betrachten, der nichts mit dem wirklichen Leben gemein hat und völlig jenseits des Bereiches von Vernunft und gesundem Menschenverstand liegt. Diese Auffassung trifft nicht zu. Magie bedarf der gründlichen Kenntnis und Beherrschung praktischer Angelegenheiten und gleichzeitig des weisen Verständnisses für die Schwächen menschlicher Natur. Es handelt sich um einen besonderen Zweig der spirituellen Wissenschaft, der die Anrufung des Engelreiches um Beistand einschließt. Die Erzählungen von Naturgeistern und Elfen, die dem schlichten, freundlich gesinnten und tapferen Menschen zu innerem und äußerem Glück verhelfen, sind nicht nur phantasievolle Erfindungen, sondern Teil der uralten Weisheit. Doch Unterstützung aus dem Ätherreich der Naturgeister, Gnomen und Engel fordert stets seinen Preis. Die Anweisungen der Vertreter dieser Macht verleihenden Magie müssen strikt befolgt werden. Sie verleiht Macht über materielle Gegebenheiten und, wenn selbstsüchtig und negativ eingesetzt, Macht über andere Seelen. Es gibt Engel des Lichtes und Engel der Dunkelheit. Eine Seele, die den Beistand der Engel anruft, geht eine verpflichtende Abmachung ein, die entweder die vollkommene Selbstlosigkeit und Hingabe an das Christuslicht beinhaltet oder aber den Verkauf der Seele an die Engel der Dunkelheit.

Der wahre Weißmagier arbeitet uneingeschränkt aus der Liebe heraus, aus der Liebe zu Gott und zu dem gesamten Leben, ohne Verlangen nach Ruhm, Macht oder weltlichem Erfolg – einzig und allein der Wille, Gott und der Menschheit zu dienen, bestimmt ihn. In vielen Kulturen finden wir dazu ähnliche legendäre Gestalten wie Faust und Mephistopheles. Die Seele willigt ein, sich dem Herrn der Dunkelheit zu verkaufen. Als Gegengabe erhält sie materiellen Erfolg und die Beherrschung anderer Menschen. Der Pfad der Magie besteht aus einer subtilen Mischung der positiven und negativen Aspekte einer jeden Seele sowie der bewußten Anrufung des Engelreiches. Gedankenkraft kann ge- oder mißbraucht werden; die Engel des Lichtes und der Dunkelheit wirken zusammen; die Prüfungen auf dem spirituellen Entwicklungsweg nehmen kein Ende und dienen in ihrer Gründlichkeit dem Wohle und der Sicherheit des Strebenden. Auf materieller Ebene müssen diejenigen, die mit Elektrizität oder Kernenergie hantieren, über ein strenges Training verfügen und die Sicherheitsmaßnahmen einhalten. Kosmische Energie, die die Seele mittels kontrollierter Gedankenkraft tätig werden läßt, verlangt sogar nach noch gründlicherer Schulung und tieferer Weisheit. Die einzig wahre Macht entspringt der Vereinigung mit dem innewohnenden Geist – jener in jedem Menschenherzen verborgenen Flamme der Christussonne, die mit dem kosmischen Herzen in Einklang schwingt. Aus dem innersten Sein leuchtet dann eine universale Liebe hervor, die sich danach sehnt, ausschließlich die Kraft des Geistes zu gebrauchen – jene Kraft, die aus dem Herzen des Kosmos erstrahlt, um alles Leben zu heilen und zu segnen.

Ein Schüler der Magie lernt frühzeitig, daß es sich beim Tode des Körpers lediglich um eine Episode handelt, die viele Male im Laufe der Seelenreise eintritt; Arbeit, Studium und Hingabe setzen sich fort. Die Seele wird stets mit ihrer eigenen Brudergruppe in die Inkarnation zurückkehren, unaufhörlich dazu gedrängt, dem inneren Pfad spiritueller Entfaltung zu folgen, gemeinsam auf höheren Seinsebenen zu wirken und beharrlich daran zu arbeiten, ein tieferes Verständnis für die göttliche Heilungsmagie zu gewinnen, dem eigentlichen Wirken der uralten Sternenbruderschaft.

Die Spinne, Symbol der Arachne, taucht in Erzählungen und Legenden unterschiedlicher Länder auf. Häufig berichten diese von der Fähigkeit dieser kleinen Fadenspinnerin, sich einer magischen Kraft zu bedienen, um ihre Feinde zu überlisten und den Göttern zum Segen der Menschheit eine Gabe zu entwenden.

175

Das Spinnennetz symbolisiert die Schaffung einer Kommunikationsverbindung zwischen Erde und Himmel. Der silberne Faden ähnelt dem ätherischen Lichtband, das Seele und physischen Körper miteinander verbindet; es ist jene Silberschnur, »die es der Seele erlaubt, sich während des Schlafes oder der Bewußtlosigkeit auf den inneren Ebenen zu bewegen, und die sie beim Aufwachen fest in den physischen Körper zurückzieht.«

Viele Naturvölker betrachten Spinnen als Glücksbringer und Helfer. In der westlichen Welt jedoch werden sie mehr mit Magie und Aberglauben in Zusammenhang gebracht – mit Hexen auf Besenstielen und Spinnweben in den Ecken. Das Netz der Spinne ähnelt einem Irrgarten – die wachsame Spinne lauert darauf, unvorsichtige, in den Fäden verheddarte und gefangene Insekten zu verschlingen, ebenso wie der Minotauros der griechischen Mythologie auf Abenteurer wartete, die sich im Labyrinth verloren hatten, um diese zu packen und zu verschlingen. Derartige Erzählungen sollen jene Menschen warnen, die zum reinen Vergnügen in übersinnlichen Phänomenen herumplätschern oder sich mit Praktiken befassen, welche die psychischen Zentren mit Gewalt öffnen. Man vermag sowohl das Tor zu einer geheimnis- und gefahrvollen Ätherwelt aufzuschließen, als auch jenes zu einer Welt zauberhafter Schönheit. Die Seidenfäden des Spinngewebes ähneln jenen übersinnlichen Fäden, durch welche die Seele eine wahre und reine Verbindung zu den Lichtsphären aufrechterhalten kann. Mangelndes Verstehen und Mißachtung der Richtlinien verstricken sie allerdings auf astraler Ebene in unerfreuliche Elementalkräfte, die sie in einem psychischen Kokon gefangenhalten, der ein Entfliehen nahezu unmöglich macht.

Während sich der Sonnen-Tierkreis in genau zwölf Abschnitte aufteilt – eine intellektuell leicht zu erfassende Tatsache – erweist sich die Zahl dreizehn als recht schwierig und wird zudem mit dem Aberglauben an Unglück und Mißgeschicke in Zusammenhang gebracht. Eine oftmals vorgebrachte rationale Begründung führt die Furcht vor der Zahl dreizehn auf das Abendmahl und den Verrat des Judas zurück. Bedeutsam ist allerdings, daß es sich dabei um etwas handelt, was sich nicht über den Verstand fassen läßt: um das Nicht-Rationale, das Übersinnliche. Jahrhundertelang haben orthodoxe, auf Intellekt und Vernunft gegründete Institutionen versucht, das Außer-Gewöhnliche zu unterdrücken, wie zum Beispiel Gruppen, die den Lehren der inneren Mysterien folgten. Dabei sind diese Lehren allen alten Religionen und großen Lehrern geläufig. Ihr Ziel besteht in der Stärkung jener Lichtverbindung zwischen dem Menschenherz und dem höherem Selbst der geistigen Welt, aus der heraus das »kleine Selbst« des Alltags Kraft, Schutz und Führung ziehen kann.

Der Mond ist die Königin der Magie, und die Zahl dreizehn – verknüpft mit dem Mond-Tierkreis – wurde mit dem Wirken auf den inneren Ebenen sowie geheim und heilig gehaltenen Angelegenheiten verbunden. Erzählungen über König Arthur und seine Tafelrunde sprechen von zwölf Sitzen für die Ritter sowie einem zusätzlichen dreizehnten Platz in ihrem Kreis oder im Tafelzentrum, dort, wo der König saß. Arthurs Tafel war eigentlich die dritte jener Bruderschaftsrunden, an deren erster Jesus und seine zwölf Jünger beim Abendmahl saßen. Hier teilte Jesus mit seinen Jüngern die Lebenskraft des Kosmischen Christus, des Sonnengeistes, und setzte das Sakrament der Kommunion in der Christenkirche ein. Die zweite Tafelrunde finden wir, ebenso wie die dritte, in England. Geoffrey Hayward schreibt darüber in *Stella Polaris*:

»Die zweite Tafelrunde, die des Heiligen Grals, glich der ersten. Hier speiste Joseph von Arimathea viertausend seiner Anhänger, die ihm nach Britanien gefolgt waren und in den Wäl-

177

dern umherzogen. Er gebot ihnen, sich wie bei der Kommunion niederzulassen, nahm die zwölf Laib Brot und legte sie vor dem Gral auf den Tisch. Sie vermehrten sich vor ihren Augen und sättigten alle Anwesenden. Später setzte unser Herr den Sohn des Joseph, Josephes, an den Platz des Meisters und Hirten über die Tafelrunde, an die Stelle, an der Jesus an der Spitze der Zwölf gesessen hatte. Man nannte ihn den »gefahrvollen Sitz«, da jeder, der sich seiner zu Unrecht bemächtigte, Schaden oder sogar den Tod erlitt.

Danach folgte die dritte Tafelrunde, die des Königs Arthur: ›Dann bildete sich auf Anweisung Merlins die Tafelrunde. Der Name sollte den Weltenrund, das Rund der Planeten sowie der anderen Elemente am Firmament versinnbildlichen, an dem wir Sterne und andere Dinge erkennen. Daher mag man sagen, die Tafelrunde sei ein genaues Abbild der Welt.‹ Güte und Brüderlichkeit beseelten diese Gemeinschaft. Aus aller Herren Länder kamen sie herbei, alles zurücklassend, um an der Tafelrunde teilzunehmen. Durch sie, so erklärte Merlin, sollte die Wahrheit des Heiligen Grals bekannt werden. Daher schuf er diesen »gefahrvollen Sitz«, den nur der damals noch unbekannte Galahad einnehmen konnte, da es ihm oblag, jene, die die Suche nach dem Heiligen Gral aufnehmen sollten, zu führen.«

Den dreizehnten Platz in der Tafelrunde, den »gefahrvollen Sitz«, konnte nur ein makel- und vollkommen selbstloser Ritter einnehmen. Von hier aus vermochte er die lebensspendende Heilkraft des Heiligen Gral mit seinen Kameraden zu teilen. In gleicher Weise weist Arachne — das dreizehnte Zeichen — den Weg spirituellen Dienstes, der die Selbstaufopferung und letztlich die Kreuzigung des niederen Selbst fordert.

Aus diesem Grunde fürchten vielleicht die Menschen, die ausschließlich an weltlichen Dingen Interesse finden, die Zahl dreizehn. Denn dieses dreizehnte Zeichen kann sowohl die Pforten des Himmels öffnen, als auch die Tatsache demonstrieren, daß der Himmel sich nur durch Opfer und Selbsthingabe gewinnen läßt. Seelen, die beginnen, auf jenes Lichtband zu reagieren, auf jenen Silberfaden aus der höheren Welt, fühlen sich tief in ihrem Inneren zum Dienen gedrängt. Ungeachtet ihrer weltlichen Arbeit, erfüllen sie nach bestem Vermögen die ihnen von ihrem Karma gestellte Aufgabe. Doch das Verlangen zu dienen zwingt sie, ihre Seelenkraft in irgendeiner Form zur Heilung, Segnung und Besserung ihrer Mitmenschen einzusetzen. Sie akzeptieren die Möglichkeit, daß dieser Einsatz für ein nicht-weltliches Ideal unter Umständen Spott, Leid, ja sogar Martyrium mit sich bringt. Sie sind die Heiler, Helfer, Musiker, Künstler und inspirierten Denker, die jenseits alles Irdischen blickend über die Kraft zu verfügen scheinen, das Bewußtsein der Menschen ihrer Umgebung auf eine Stufe emporzuheben, auf der auch diese unvergängliche Werte zu berühren vermögen.

Musik besitzt in der Tat eine machtvolle Wirkung auf Verstand und Gefühl. Sie läßt uns tanzen, aber auch tapfer eine schwierige Wegstrecke überwinden, sie wiegt den unruhigen Säugling in den Schlaf, und ihre geradezu überirdische Schönheit erhebt sogar unser Bewußtsein weit jenseits weltlicher Problematik und Traurigkeit. Aus diesem Grunde können Musiker – Komponisten ebenso wie Künstler – eine wesentliche Rolle bei der Bewußtseinserweckung der Menschheit für neue Ideen und spirituelle Inspiration spielen, aber auch bei jenen Veränderungen des Lebens, die eine neue Ära einleiten.

Einer dieser Komponisten ist Richard Wagner, wahrhaft ein Sohn der magischen Arachne. In seinem Horoskop sehen wir Sonne und Venus, beide am Aszendenten stehend, in Opposition zu Uranus, der im Skorpion steht, dem mit der inneren Welt und dem nachtodlichen Zustand verbundenen Zeichen. Jupiter und Mars, in exakter Opposition in den Zeichen Löwe und Wassermann (Sonnen-Tierkreis) oder Krebs und Steinbock (Mond-Tierkreis), stehen gleichfalls in harmonischer Aspektierung zu Venus und Sonne und setzen somit in Wagner eine fast überwältigende Energie und Einstimmung auf die Engel der Musik frei – auf die Musik der Sphären. Sein Nervensystem eignete sich ganz besonders als Instrument für das Einströmen dieser herrlichen Musik, denn Merkur – Mitregent der Arachne sowie Planet der Kommunikation – steht im dreizehnten Haus des Lunarhoroskops und verleiht ihm den machtvollen, inneren Antrieb, die nahezu unausdrückbaren Harmonien, die er berührte, auszudrücken. Glücklicherweise verfügte er aufgrund der planetarischen Konstellationen über eine ausgezeichnete Gesundheit, denn sein empfindsames Nervensystem wurde oft bis zur äußersten Grenze vom Aufprall der mächtigen himmlischen Strahlen, die ihn durchströmten, gefordert. Die ungeheure Beanspruchung seines Nervensystems durch den geistigen Energiefluß wirkte sich zeitweise zerrüttend aus und mag für vieles in Wagners scheinbar unverantwortlichem und törichtem Verhalten im praktischen Leben verantwortlich gemacht werden.

Es wird berichtet, daß ihn beim Komponieren oftmals eine riesige Flut, ein Schwall von Tönen und eine Vision überwältigten. Als er zum ersten Male die Wucht des Ritts der Walküre fühlte, fiel er in Ohnmacht, in einen Trancezustand. Er besaß keinerlei Vorstellung davon, wie sich seine Musik entwickelte, die ihn durchströmende Kraft und Schönheit erschreckten ihn bisweilen geradezu. Dies ist typisch für eine Seele, die von Engelkräften gefangengenommen ist, die den elementaren Naturgewalten vergleichbar sind.

Sensitivität und Offenheit seiner Seele für göttliche Inspiration zeigen sich nicht nur in der Stellung von Sonne, Venus und Aszendenten in Arachne, die gemeinsam eine Opposition zu Uranus bilden, sondern auch in der Stellung des Mondes im

Wassermann, ein Sextil zu Neptun im Schützen bildend, dem Zeichen höheren Bewußtseins, der Inspiration und Weissagung, regiert von Jupiter. Neptun und Uranus stehen polar zu Arachne (in den gegenüberliegenden Graden des Sonnen-Tierkreises). Die Stellung von Neptun im achten Haus stellt ebenfalls eine Verbindung zu Mars her, dem Hauptregenten dieses Hauses, sowie zu Uranus im Skorpion (dem Zeichen des achten Hauses). Da der Mond in keiner weiteren Aspektierung steht, sehen wir eine Persönlichkeit vor uns, die äußerst stark durch die wunderbaren Strahlen des Neptuns, die subtil auf das übrige Horoskop abgestimmt sind, sensibilisiert ist. Diese planetarischen Stellungen weisen allesamt auf eine Belebung des Kehlkopf- sowie Kopfchakras hin, was Wagners Bewußtsein für die Inspiration der Engelmusik öffnete.

Vergleichen wir Wagners Sonnen-Horoskop mit dem Mond-Horoskop, erkennen wir, daß nicht nur Aszendent, Sonne und Venus, mit Mars und Jupiter erhöht in ihren Zeichen Steinbock und Krebs, in das Zeichen der Arachne fallen, sondern daß die Häuserpositionen der Planeten im dreizehn Häuser umfassenden Horoskop sogar eindeutiger definiert sind. Mars steht nun im elften Haus der Bruderschaft und Gruppenarbeit; Saturn hingegen, der im Sonnen-Horoskop zwölf Grad von der Häuserspitze des zehnten Hauses entfernt ist, liegt jetzt mittendrin. Dieser Saturneinfluß erklärt Wagners gewissenhafte und harte Arbeitsweise und die vollkommene Hingabe an seine Kunst. Neptun nähert sich im Solarhoroskop der Häuserspitze des achten Hauses, in der Monddarstellung dagegen steht er genau in diesem Haus, was seine magische Position betont, die Wagners Seele eindeutig für die inneren Welten und die spirituelle Wirklichkeit öffnete. Auch Merkur, hier im dreizehnten anstatt im zwölften Haus, symbolisiert einen zwingenden Drang, dieser Schönheit der Engelstrahlen, die seine Seele bisweilen gefangennahmen, Ausdruck zu verleihen.

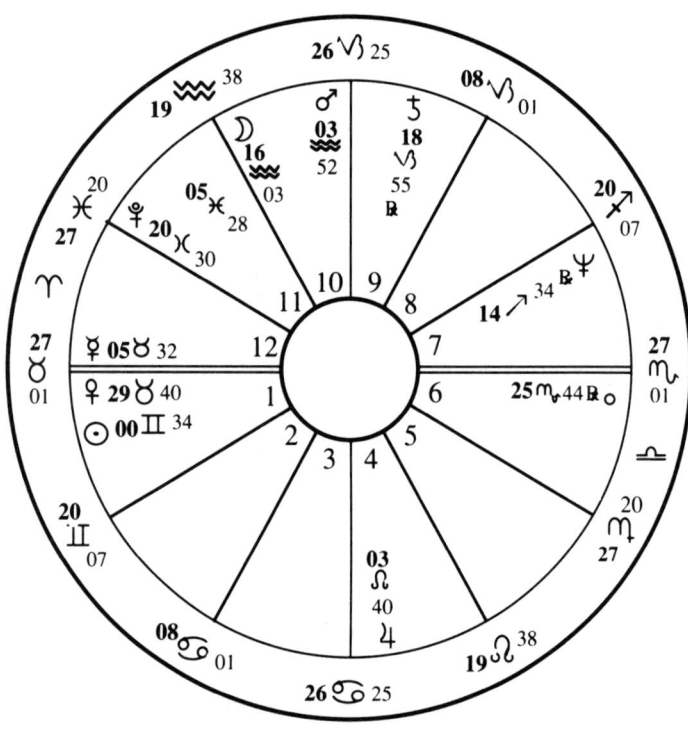

DIAGRAMM XII: Richard Wagner (Sonnen-Horoskop)
22. Mai 1813, 3 Uhr 07 GMT
Leipzig, Deutschland: 51N20, 12O20
Topozentrische Häuser

Wagner besaß stets das Gefühl, er müsse seine Kraft und Inspiration (Mond im Wassermann des Sonnen-Tierkreises) aus den Menschen, dem »Volk«, ziehen und für das »Volk« schreiben, das diese neuen Ideen intuitiv akzeptieren würde. Dies trifft in gewissem Sinne auch zu. Doch die Kraft von Sonne und Venus in Opposition zu Uranus veranlaßten ihn auch zu autoritärer Strenge. Er selbst rebellierte stets gegen jede Autorität und das

182

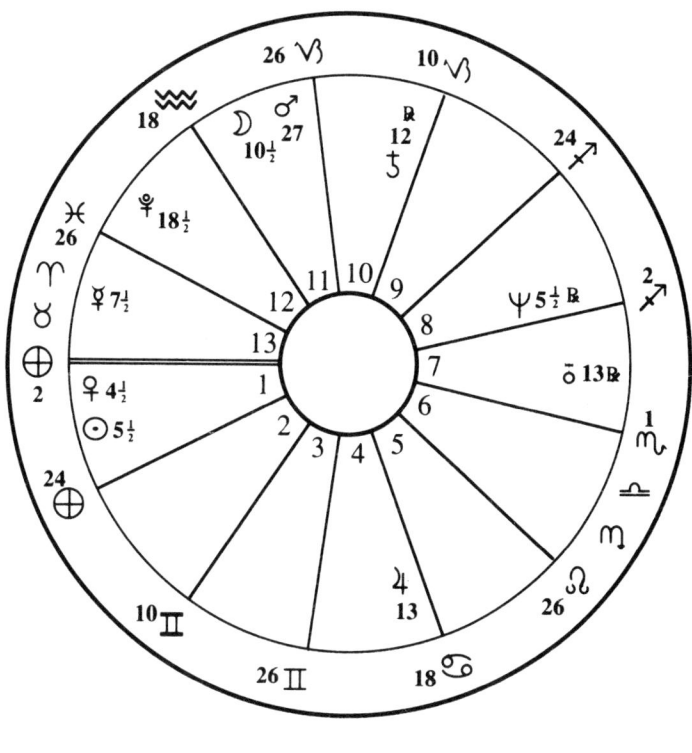

DIAGRAMM XIII: Richard Wagner (Mond-Horoskop)
22. Mai 1813, 3 Uhr 07 GMT
Leipzig, Deutschland: 51N20, 12O20
Topozentrische Häuser

politische Gefüge seiner Zeit, was ihn sogar zur Flucht vor dem
Gefängnis zwang. Doch in seinem eigenen Bereich zeigte er sich
als wahrer Führer, der keine Gehorsamsverweigerung unter seinen Gefährten duldete. Man berichtete, daß er eine fast magische Kraft auf Sänger und Orchester auszuüben schien, wenn er
dirigierte. Sein Biograph, Ernest Newmann, schreibt: »Wagner
verfügte über eine angeborene Macht des Dirigenten – die Ab-

sicht des Komponisten erfassend, zwang er sie den anderen auf. Vor allem aber besaß er Festigkeit und Selbstsicherheit, was Spielern und Sängern, die selbst nicht so intelligent und regsam sind, Vertrauen einflößte und die Dünne des Eises vor dem verblüfften Publikum verbarg, über das die Aufführung dahinglitt.«

Ein anderer Freund schreibt über ihn in einem Brief: »Wenn er dirigiert, steht er vor Erregung geradezu neben sich selbst- ...das Orchester fängt seine Ekstase auf und jeder einzelne spielt wie unter einer plötzlichen Inspiration...Jede Faser seines Körpers drücken... personifizierte Arroganz und Despotismus aus.«

Nur seine Familie und engsten Freunde wußten, welche nervliche Anspannung ihn das kostete. Er selbst schreibt: »Freilich verblüfft die Zuhörer diese Magie, die ich auf die Musiker auszuüben scheine, doch niemand versteht, was es für mich bedeutet.«

Es besteht kein Zweifel, Wagner wirkte mit seiner Musik auf dem siebten Strahl der Magie. Er lebte zu einer Zeit, zu der die Bruderschaft des Lichtes in den höheren Sphären eine gewaltige Anstrengung unternahm, den Materialismus des auslaufenden Fische-Zeitalters zu durchbrechen und die Menschheit wieder für die geistigen Realitäten wachzurütteln. Dies geschah in einer Zeit, als die Fox-Schwestern das erste Anklopfen aus der Welt des Geistes vernahmen und die Theosophische sowie Christian Science Bewegung ins Leben gerufen wurden. Wagner selbst war sich all dieser neuen Strömungen bewußt und ein unersättlicher Leser und Student weltlicher wie auch okkulter Themen. Ein Biograph behauptet, seine Frau Cosima sei ein Medium gewesen, und durch sie habe er Beistand und Anweisung aus der geistigen Welt erhalten (Mond im Sextil zu Neptun im achten Haus). Er kämpfte energisch gegen die Vivisektion und wurde in seinem späteren Leben zum strengen Vegetarier. Er liebte Tiere, und eine ganze Menagerie an Haustieren begleitete ihn auf zahlreichen Reisen und auf seinen Fluchten. All diese Charaktereigenschaften sind auf die dominierende Verbindung mit Arachne in seinem Horoskop zurückzuführen.

Musik besitzt einen wesentlichen Einfluß auf das Seelenleben der Menschheit, und Wagner kam zweifellos mit der Mission, sie aus dem Grab materialistischen Denkens zu erwecken, in einer Zeit, da das Fische-Zeitalter in das des Wassermann überging. Die in seinem Leben und Horoskop, selbst in seiner Musik, sichtbaren Konflikte spiegeln die Konflikte der gesamten Menschenrasse wider, die unter Leiden der Brüderlichkeit, Vergebung und Erlösung entgegenstrebt. Das Thema der sturmgeschüttelten, durch göttliche Liebe transformierten Seele und des unausweichbaren Karmas durchzieht nahezu alle Opern Wagners. Gesetzesbruch fordert Vergeltung. Und doch veredeln und mildern himmlische Liebe, die göttliche Gnade des Heiligen Gral, diese Konsequenz. Die Handlungen in vielen seiner Opern, insbesondere seines letzten Werkes, *Parsifal,* beschäftigen sich mit der inneren geistigen Bruderschaft sowie mit dem Kampf zwischen höherem und niederem Selbst, wodurch die Seele schließlich den Heiligen Gral findet.

14

Arachnes Handlungen

Viele, die den mystischen Pfad beschreiten, mögen zunehmend
auf das dreizehnte Zeichen, Arachne, ansprechen und bemerken, daß die Stellungen und Phasen des Mondes ihr inneres Leben beeinflussen. Andererseits werden diejenigen wahrscheinlich stärker auf den rationalen, solaren oder tropischen Zodiak
reagieren, deren Karma sie zu aktivem Engagement in weltlichen Angelegenheiten zwingt, was einen scharfen Intellekt und
klare Unterscheidungskraft erfordert. Keiner der beiden Tier-
kreise ist besser oder schlechter als der andere. Sie dienen unterschiedlichen Aufgaben des Seelenlebens, dem Karma der jeweiligen Inkarnation entsprechend.

Das Studium der Astrologie selbst beinhaltet eine sehr gute
Analogie. Das Erlernen der Technik, um ein Geburtshoroskop
zu erstellen und die planetarischen Stellungen zu analysieren,
bedarf einer vernunfts- und verstandesmäßigen Erfassung
(Sonne, erhöht in Widder). Für eine tiefergehende Interpretation dieser planetarischen Symbole wird der Astrologe es als
hilfreich empfinden, sich von der äußeren Mentalebene in die
innere Stille der Seelenwelt, den Bereich des Mondes, zurück-
zuziehen, um die Führung der geistigen Ebene aufnehmen zu
können. Unterweisung mag mit dem Seidenfaden verknüpft
werden, dem Lichtband, daß ihn durch das Gewirr rein intellektuellen Verstehens hindurchleitet.*

---

* Das Mond-Horoskop kann leicht aus dem üblichen Sonnen-Horoskop errechnet wer-

Ein Horoskop, das besonders interessante Aufschlüsse über die Beziehung zwischen Sonnen- und Mond-Tierkreis bietet, ist das von Sir Arthur Conan Doyle, geboren am 22. Mai 1859 in Edinburgh. (In Schottland verlangt eine gesetzliche Bestimmung die Aufzeichnung der Geburtszeit; die Horoskope sind also genau.) Wir erkennen einen beachtlichen Unterschied zwischen beiden Darstellungen, da das dreizehnte Zeichen, Arachne, sowie das dreizehnte Haus stark in den Vordergrund treten. (Die planetarischen *Aspekte* bleiben stets unverändert.) Das Solar-Horoskop weist unverkennbar auf das äußere Leben dieses großen Mannes hin, sowohl in bezug auf seinen Charakter als auch auf seine Leistungen. Sein Mond-Horoskop hingegen läßt uns seine Erfahrungen nach dem Tode besser verstehen, sein scheinbares Gefangensein in einem übersinnlichen oder ätherischen Netz, aber auch die Mission, die er auf der anderen Seite übernommen hat. Im Folgenden werden wir auf diese Dinge näher eingehen.

Das uns von White Eagle übermittelte innere Wissen um die besondere Mission von Arthur Conan Doyle ermöglicht uns eine besonders detaillierte Studie darüber, wie er auf sein Mond-Horoskop reagierte. Auf diese Weise erfahren wir genauer, wie Arachne auf geistiger Ebene wirkt und ihr Netz webt. Nach dem Übergang von Conan Doyle, als wir seine Botschaft *(The Return of Arthur Conan Doyle)* im Laufe der Zeit empfingen, erläuterte White Eagle:

»Selbst jene, die ihm sehr nahestanden, haben die Größe seiner Seele nicht erkannt, *die jetzt noch eine große Aufgabe zu erfüllen hat* (von der Autorin hervorgehoben). Tatsächlich übersteigt seine Mission bei weitem alles, was er je erreichte. Er ruft

---

den. Umrechnungstabellen finden sich im Buch von James Vogh und werden ebenfalls bei den Kursen für Fortgeschrittene der White Eagle Astrologieschule zur Verfügung gestellt.

auch euch, die ihr ihm bereits lieb seid, auf, seinen Dienst zu unterstützen.

Immer noch liegt ihm der Spiritismus sehr am Herzen. Sein einziger Wunsch besteht darin, die unter den Belastungen des Lebens ächzenden und gebrochenen Herzen zu trösten. Deshalb durchquerte er die Welt; er möchte den Hinterbliebenen und Trauernden Hoffnung und Trost spenden. Nun, da ihn irdische Knechtschaft nicht mehr bindet − obgleich durch gewisse astrale Bande noch eingeschränkt − gilt sein einziger Wunsch dem Ziel vorwärtszupreschen.«

Im Mond-Horoskop des Arthur Conan Doyle sehen wir, daß anstelle der Zwillinge Arachne mit ihrem Zeichen...emporsteigt und in diesem Zeichen Mars, Uranus und Sonne stehen. Jupiter, noch in den Zwillingen stehend, vereinigt sich mit Mars, und diese beiden Planeten umrahmen wie zuvor den Aszendenten. Doch alle im zwölften Haus des Sonnen-Horoskops stehenden Planeten befinden sich nun im dreizehnten, das James Vogh »das Haus der inneren Führung« nennt − das die Hauptaufgabe der Seele ausdrückt. Als typischer Sohn der Arachne fühlte sich A.C.D (wie wir ihn nennen werden) während seines ganzen Lebens gedrängt, anderen Menschen zu helfen, vor allem dem »Mann auf der Straße«, mit dem er sich so oft identifizierte. Aus den beschriebenen Ereignissen und späteren Belehrungen läßt sich ersehen, daß diese Seele, wie viele Arachne-Kinder, vor Eintritt in die Inkarnation um ihre Mission wußte − um die Erfüllung eines großen Dienstes. Grundsätzlich wollte er dem einfachen, seinem Herzen so nahestehenden Menschen zeigen, daß ein Lichtband − eine Lichtbrücke − zwischen Himmel und Erde erbaut werden kann, die diese, wie White Eagle sie nennt, »verrückte Angst vor dem Tode« zu nehmen vermag. Auch sollte er den Menschen helfen, die ungeheure Kraft der Gedanken auf

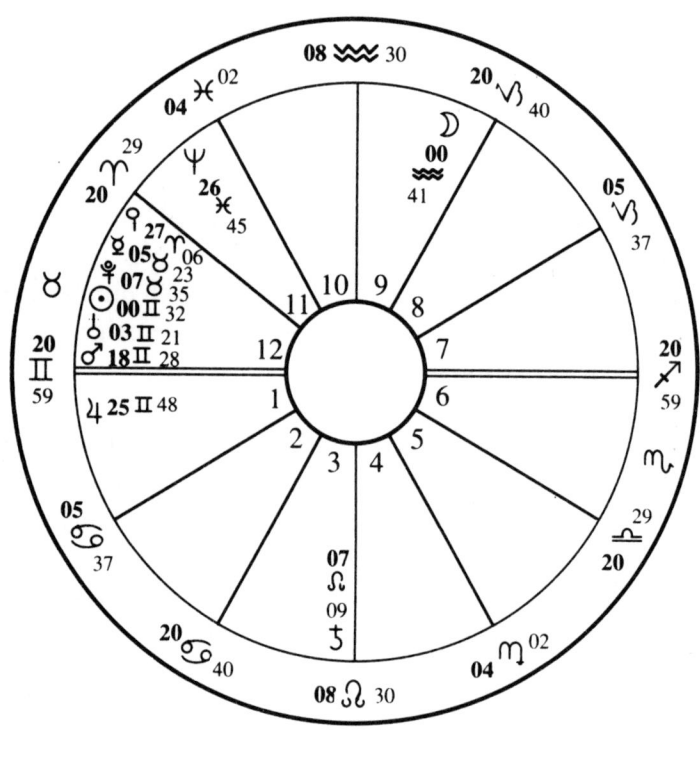

DIAGRAMM XIV: Sir Arthur Conan Doyle (Sonnen-Horoskop)
22. Mai 1859, 4 Uhr 59 GMT
Edinburgh, Schottland, 55N57, 3W13
Topozentrische Häuser

das irdische aber auch auf das jenseitige Leben zu verstehen.
Sir Arthur studierte Medizin an der Universität Edinburgh.
Nach einigen Jahren ärztlicher Tätigkeit entdeckte er jedoch,
daß sich seine Geschichten, aufgezeichnet in den seltenen freien
Momenten zwischen Patientenkonsultationen, als weitaus ge-
winnbringender erwiesen als die Medizin. Daher beschloß er im
Mai 1891, seine Praxis aufzugeben und sich hauptberuflich

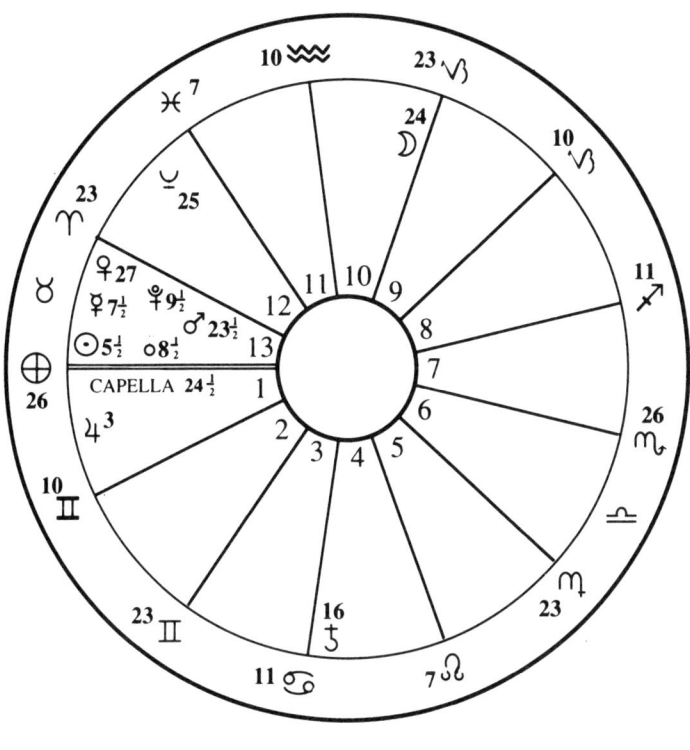

DIAGRAMM XV: Sir Arthur Conan Doyle (Mond-Horoskop)
22. Mai 1859, 4 Uhr 59 GMT
Edinburgh, Schottland, 55N57, 3W13
Topozentrische Häuser

der Schriftstellerei zu widmen. Er beschreibt diese Entscheidung als ›einen jener großen, triumphierenden Augenblicke meines Lebens‹.

Mit den vier Planeten Sonne, Uranus, Mars und Jupiter in dem Aszendenten-Zeichen Zwillinge, dem Zeichen der Kommunikation zeigt sein Mond-Horoskop deutlich, daß er ein geborender Geschichtenerzähler war. Mars und Jupiter, feurige

Planeten voller Energie und Schaffenskraft, erheben sich beiderseits des aszendierenden, einundzwanzigsten Grades Zwillinge, was auf seine enorme Vitalität sowie die reine Lebensfreude, die sich in seiner Schriftstellerei manifestiert, hinweist. (Beachte die Konjunktion von Uranus und Sonne nahe dem Aszendenten, was die freudige Beherrschung des *Ajna*-Chakras wachrufen kann.) Mars und Jupiter zusammen, zeigen seine Liebe zum Sport, seine momentane Bereitschaft, für den Unterlegenen einzutreten und ›verlorene‹ Fälle zu unterstützen sowie seine Begeisterung für jede Art Abenteuer. Das Schreiben bereitete ihm nie Schwierigkeiten. Als Schuljunge vermochte er mit seinen Geschichten die Klassenkameraden zu fesseln und konnte genau am aufregendsten Punkte innehalten, um irgendeine Art der Bezahlung zu fordern, in Form von Süßigkeiten oder anderer Kleinigkeiten, ehe er fortfuhr und sein Zuhörer aus ihrer Spannung erlöste.

Durch den Mond nahe dem Medium Coeli im Zeichen des Wassermanns (Sonnen-Horoskop) besaß Sir Arthur einen sicheren Finger für den öffentlichen Pulsschlag. Instinktiv wußte er, was die Öffentlichkeit wollte; er nannte sich selbst oft einen typischen ›Mann der Straße‹.

Als echter Sohn des Wassermanns, liebte er es, das allgemeine Los zu teilen. Er verstand die Nöte der ›gewöhnlichen Leute‹ und sorgte für sie gut in seinen schriftstellerischen Arbeiten, so daß er einer der höchst bezahltesten Autoren seiner Zeit wurde. Die unmittelbare Nähe des Mondes zum Medium Coeli weist im allgemeinen auf den Kontakt mit einem weiteren Publikum hin. Steht er, wie in diesem Falle, in positiver Aspektierung zu Sonne und Uranus (auch Neptun), dann sorgt er für große Popularität. Der Mond bildet einen exakten harmonischen Aspekt zur Sonne, die sich mit Uranus im Zwilling (Sonnen-Horoskop; Arachne im Mond-Horoskop) verbindet. Ein starker Uranus verleiht dem Leben stets ein Element des Ungewöhnlichen. A.C.D. besaß außergewönlich weitreichende Interessen und viele originelle Ideen, die er alle mit höchstem Enthusiasmus verfolgte. Wir sehen in ihm einen in jeder Hinsicht hervorragenden Mann von edler Denkungsweise, ein großer Menschenfreund, der sein Herz in alles legte, was er unternahm.

Während seiner letzten Lebensjahre opferte er bereitwillig Geld, Ruhm und schließlich sein Leben, um den unter den Intellektuellen unpopulären Spiritismus bekanntzumachen. Jahrelang war er übersinnlichen Phänomenen mit gewisser Skepsis begegnet, bis er nach dem Tode eines engen Freundes einen eindeutigen Beweis für die Wirklichkeit jenseitigen Lebens erhielt, der ihn vollkommen von dieser Wahrheit überzeugte. In den Kriegsjahren 1914-18 erkannte er, wie verzweifelt die Menschen des sicheren Beweises für ein Leben nach dem Tode als Trost bedurften, um diese schreckliche Periode des Alleinseins und des Verlustes durchstehen zu können. Sein Eintreten für die der allgemeinen Strömung entgegengerichtete Seite zeigt sich in dem Quadrat von Mars und Jupiter nahe am Aszendenten, mit Neptun in den Fischen, dem mystischen Zeichen des zwölften Hauses. Mars ist der Planet des Kämpfers und Pioniers; Jupiter befaßt sich mit Religion und Neptun mit übersinnlichen Dingen, und beide sind maßgebend für lange Seereisen. Diese Kombination ist daher typisch für seine Pionierarbeit, sein Bemühen, der Menschheit die Wahrheit über ein Lebens nach dem Tode vor Augen zu führen. Er bereiste die Welt, hielt Vorträge und leistete pausenlos Propagandaarbeit für die spiritualistische Bewegung. Die fortwährende Überbeanspruchung führte zu einer Herzkrankheit, der er schließlich erlag. Diese Todesart kann man deutlich aus seinem Sonnen-Horoskop ablesen und zwar aus der Opposition des Saturns, Herrscher im achten Haus des Todes, zum Mond im Wassermann – wobei Saturn im Löwen

193

steht, dem Zeichen des Herzens und an der Häuserspitze des vierten Hauses, das auf das Lebensende hinweist. In der lunaren Darstellung regiert Schütze das achte Haus, dessen Hauptregent, Jupiter, daher in diesem Fall für den Tod und jenseitiges Leben steht. Bezeichnenderweise steht dieser Planet in der Nähe des Aszendenten sowie in Konjunktion zu Mars in Arachne.

In *The Return of Arthur Conan Doyle* heißt es, daß diese große Seele sich nach dem Durchschreiten der Todespforte nicht in der Weise offenbaren konnte, wie sie es erhofft hatte. Er entdeckte, daß eine Kommunikation zwischen dieser und der nächsten Welt sich nicht annähernd so einfach gestaltete, wie er angenommen hatte, obgleich es ihm gelang, über verschiedene Medien, unter anderem auch über Grace Cooke, seiner Familie zufriedenstellende Beweise zu liefern, die persönliche Botschaften, Redewendungen und vertraute Ausdrucksweisen enthielten und überzeugend klangen, so daß seine Kinder äußerten: »Ja, das ist Papa.« Doch Grace Cooke selbst war nicht zufrieden. Sie fühlte, daß trotz der Genauigkeit hinsichtlich der Familienangelegenheiten die Botschaften nicht den Schwung und die Kraft besaßen, die von einem Manne wie A.C.D. zu erwarten gewesen wären. Sie wußte, daß sie keinen rechten Kontakt zu seinem wahren Geist aufgenommen hatte.

Später lasen wir etwas über das Eintreffen des Boten von der Polar-Bruderschaft aus Paris, die von ihrem Meister durch etwas, das sie »L'Oracle de Force Astrale« nannten, die Anweisung erhalten hatten, mit einer Grace Cooke Verbindung aufzunehmen. Die Botschaft las sich offenbar folgendermaßen: »A.C.D. ist uns (den Weisen) erschienen und hat über viele interessante Dinge gesprochen, unter anderem auch über seine Entscheidung, sich der Polar-Bruderschaft anzunehmen und sie zu unterstützen. Vor seinem Tode hatte er Freunden versprochen,

Beweise und deutliche Anzeichen für eine Existenz des Lebens nach dem Tode zu liefern... Er wird sich an sein Versprechen halten. Aber noch ist der Zeitpunkt nicht gekommen, denn der Geist des Sir Arthur wartet immer noch in seinem schönen Schottland auf den Augenblick, da sich der *rote* und der *violette* Strahl treffen. Nur diese Begegnung wird es ihm ermöglichen, zu seinen Freunden zu sprechen.« Der Hinweis auf die Farbstrahlen verwirrt zunächst, doch wir werden sehen, daß es sich hierbei um einen präzisen astrologischen, gegenwärtig noch unbekannten, Zusammenhang handelt. Darüber hinaus erfahren wir in dem Buch, durch das Orakel der »Force Astrale«, daß sich die Seele des A.C.D. unter bestimmten machtvollen und bedeutsamen Erdstrahlen inkarniert hatte. Vor einer solchen Seele lag kein gewöhnliches Schicksal, wenn sie erst einmal fähig war, sich zu behaupten.

Hier zeigt sich mit Sicherheit die ungewöhnliche Stärke der Arachne, jenes Zeichens, das den Himmel mit der Erde verbindet, aber auch eine Verbindung zwischen einander brüderlich verbundenen Seelen auf der ganzen Erde und jener »strahlenden Gemeinschaft in der Welt des Lichtes« sowie dem Engelreich herstellt. Die in diesem Zeichen stehenden Planeten verleihen Körper und Geist eine außergewöhnliche Vitalität und bewirken die Anregung aller psychischen Zentren. In seinen jungen Jahren fühlte sich A.C.D. nicht zu übersinnlichen Phänomenen hingezogen – obgleich er stets ein natürliches Interesse am Okkulten zeigte (Merkur, sein Regent, in Konjunktion zu Pluto im zwölften Haus des Sonnen-Horoskops sowie im dreizehnten des Mond-Horoskops). Die gesunde Aktivität der niederen Chakras setzte Energien frei, die ihm seine ungeheure Lebensfreude schenkten. Der Herrscher des Erdzeichens Stier (Sonnen-Tierkreis) und der Mond im Steinbock (Mond-Tierkreis) gaben ihm eine gute Grundlage für seinen gesunden Menschenverstand, der von saturnischem Weitblick, Verantwortungsgefühl und saturnischer Entschlußkraft begleitet war. Das Wurzelchakra (Saturn und das Erdelement) war in harmonischer Weise aktiv, und er verspürte eine tiefe Sehnsucht, der Menschheit zu dienen. Arachne intensiviert häufig den Wunsch, das Leben dem Dienst zu weihen. Die machtvolle Nähe von Jupiter und Mars zum Aszendenten weisen auf ein ungehindertes Fließen der Energien des Sakralchakras und des Solarplexus hin, wodurch A.C.D. über eine ungewöhnliche Kraft auf der astralen und niederen mentalen Ebene verfügte – jener Wunschebene, die sich über den Aszendenten Arachne manifestiert, und die ihm den unwiderstehlichen Drang verlieh, seine Botschaft der Wahrheit weiterzutragen – anderen das Licht zu übermitteln, das er selbst empfangen hatte. Gegen Ende seines irdischen Lebens hatte er willentlich seine Wünsche geopfert, die ihn bis dahin, in dem Verlangen, seinen Mitmenschen Trost und Hilfe zu spenden, zurückgehalten hatten. Als er nach seinem Tode erkannte, daß sein Verständnis von dem nachtodlichen Leben in gewisser Weise falsch gewesen war, wurde sein Wunsch, die Dinge klarzustellen, noch dringender. Doch aufgrund der ungewöhnlichen Kraft und Stimulation der niederen Zentren und um ihn auf seine Mission vorzubereiten, der Menschheit ein klares Bild von den inneren Welten zu übermitteln, sah er sich nach dem Tode sozusagen in einem ätherischen Netz gefangen und auf der astralen Ebene eingesperrt. Nachdem ihn die Wahrheit blitzartig getroffen hatte – jener Strahl kosmischen Bewußtseins, der durch Uranus in Konjunktion zu seiner Sonne angezeigt wird, der ihn durchlichtete und sein Verständnis transformierte, ließ ihn die Erkenntnis seine Gefangenschaft nach Hilfestellung der uralten Sternenbruderschaft in den höheren Welten suchen.

Arachne, eine Mischung von Stier und Zwillinge, besitzt eine natürliche Affinität zu den Planeten Venus und Merkur und ist daher durch die höheren Chakras in Kopf, Kehle und Herz mit ihnen verbunden. Doch es besteht zugleich eine starke Affinität zu dem Fixstern Capella, einer der Sterne des Auriga, des Wagenlenkers (s.Kapitel 5). Diese Verknüpfung mit Capella über Arachne vermag das Seelenbewußtsein weit jenseits der Begrenzungen des Sonnensystems auszudehnen, um mit dem gesamten Kosmos, dem Sternenhimmel, in Einklang zu schwingen – denn die Menschenseele steht wahrhaftig in Beziehung zu diesem kleinen Rad, das den Lauf des großen, kosmischen Rades unterstützt. Diese Tatsache übersteigt unser gegenwärtiges menschliches Vorstellungsvermögen, doch nichts ist der erwachten, auf das Herz Gottes eingestimmten Seele – eins mit dem Zentrum, dem Kreismittelpunkt – unmöglich.

Bemerkenswerterweise stieg Capella in enger Konjunktion zu Mars und dem Aszendenten in der Geburtsstunde von A.C.D. auf. Zugleich standen in seinem Mond-Horoskop Merkur und Venus, die Planeten der Arachne, nahe an der Häuserspitze des dreizehnten Hauses (dem Haus der inneren Führung). Venus sehen wir im Marszeichen Widder und Merkur im Venuszeichen Stier. Wie wir bereits in den Kapiteln 11 und 12 ausführten, können diese beiden Planeten das Bewußtsein über die Erdsphäre hinaus in die höheren mentalen und göttlichen Ebenen erheben, so daß A.C.D. nach der Befreiung seine Seele für eine gewaltige Entdeckungsreise von der niedersten bis zur höchsten Bewußtseinssphäre vorbereitet war. Jupiter, Planet des Reisens und Forschens, stand unmittelbar am Aszendenten und bildete ein machtvolles Quadrat zu Neptun, der in seinem Mond-Horoskop aus dem 11. ins 12. Haus wandert – in das Haus der Gefangenschaft, aber auch jenes der inneren Welten.

Für diese Reise auf dem weiten Ozean astralen Lebens und Bewußtseins bedurfte A.C.D., wie alle Forscher, der Führung des Polarsterns, was ihn dazu veranlaßte, die Hilfe der Polar-

Bruderschaft zu erbitten. Diese Gruppe war unter Leitung weiser Männer aus dem Osten erst wenige Jahre zuvor auf der Erde
gegründet worden, als Teil der uralten Bruderschaft des Chri-
stus-Sternes, und die die Menschheit in das neue Zeitalter des
Wassermanns führen sollte.

Durch die fesselnde Kraft der bei seinem Tode ungebroche-
nen Fäden ergab sich die psychische Notwendigkeit, am 22.
Mai, dem Tage seiner Geburt, vorzugsweise an seinem Geburts-
ort Edinburgh, ein spezielles Treffen einzuberufen. Dadurch
konnte die Seele von A.C.D., zum Zeitpunkt der Konjunktion
des roten und violetten Strahls, unter Mitwirkung der Polar-
Sternenbruderschaft aus ihren sie einschränkenden Banden befreit werden.

Wie kann man diese Farbstrahlen in seinem Horoskop erkennen? Die beiden wichtigsten Punkte eines jeden Horoskops sind
Aszendent und Himmelsmitte. Ein Planet, der in der Nähe eines von beiden steht, wird das gesamte Leben beherrschen und
färben. In unserem Falle steigt Mars, traditionsgemäß mit der
Farbe Rot verbunden, nahe am Aszendenten auf, wobei seine
feurige Kraft durch die Konjunktion mit Jupiter, dem großen
Wohltäter, verstärkt wird. Der Mond, die Königin der Äther-
und Seelenwelt, die Gebieterin über die Magie und von je her
mit der Farbe Violett verknüpft, steht nahe an der Himmelsmitte, erhöht und in exakter, harmonischer Aspektierung zur
Sonne, die den menschlichen Geist symbolisiert. Doch die
Sonne, eng verbunden mit Uranus (Planet des blitzenden
Strahls der Wahrheit), befindet sich im 12. Haus des Sonnen-Horoskops, das bekannt ist als das Haus der Gefangenschaft und
der Selbstauflösung, und außerdem im 13. Haus des Mond-Horoskops (innere Führung – Lebensaufgabe).

In dem Mond-Horoskop von A.C.D. stehen außer der Sonne
und Uranus auch Merkur, Venus und Pluto im 13. Haus. Merkur

198

besitzt hier als Herrscher des Zwillinge/Arachne-Aszendenten besondere Bedeutung, und die Konjunktion dieses Planeten mit Pluto erklärt wahrscheinlich den flüssigen Stil der Erzählungen über Verborgenes und Unerklärbares: Detektivgeschichten, Romane über wunderbare und außergewöhnliche Dinge, ungelöste Rätsel. Pluto, Planet der Unterwelt, steht für die Höhen und Tiefen menschlicher Erfahrung.

Nach seinem Tode erkannte A.C.D. auf seiner Reise durch die inneren Welten vor allem die ungeheure Kraft der Gedanken sehr klar. Er entdeckte, daß eine Seele sich nach Verlassen des physischen Körpers in ihrer eigenen Gedankenwelt wiederfindet. So mußte er den Gedankenschöpfungen seiner eigenen Bücher von Angesicht zu Angesicht gegenübertreten. Qual überfiel seine Seele, als er sah, wie einige gräßliche Bilder beharrlich fortfuhren, auf den Geist jener einzuwirken, die seine Worte lasen. Es wurde ihm vor Augen geführt, welche schwerwiegende Verantwortung der Schriftsteller für das trägt, was sein Schreiben in der Welt der Gedanken hervorbringt. Das brennende Verlangen erfüllte ihn, der Menschheit zu helfen, die Gedankenkraft zu verstehen und sie für das Gute und zur Heilung einzusetzen.

Astrologisch wird die Gedankenwelt oder das Mentale durch die Luftzeichen dargestellt, speziell durch Zwillinge, dessen Herrscher Merkur der Planet des Denkens ist. Im luftigen Wassermann haben wir natürlich das siderische Zeichen des herannahenden Zeitalters, in dem der Mensch beginnen wird, Verständnis für die Gedankenkraft zu entwickeln, um diese vermehrt einzusetzen. Von besonderem Interesse erweist sich daher die Tatsache, daß im Sonnen-Horoskop von A.C.D. der Mond, Planet der Persönlichkeit, ganz am Anfang des Wassermanns steht, was darauf hinweist, daß die von ihm zu bringende Botschaft im kommenden Zeitalter für jeden Menschen bestimmt sein wird. Die Menschen sollen lernen, mit der Gedankenkraft umzugehen und ihre Herzen für das Licht des ewigen Geistes zu öffnen, um in diesem Lichte die wahre Gemeinschaft mit ihren Lieben im Jenseits zu finden. Diese Wiedervereinigung unterschied sich durchaus von der üblichen Kommunikation, die, wie A.C.D. feststellte, häufig mit astralen Hüllen oder Gedankenbildern stattfand, obwohl dies normalerweise als Beweis für ein Leben nach dem Tode gilt.

Sein Mond-Horoskop zeigt eindeutig die Verstrickung einer großen Seele in den Schlingen astraler Ebenen jenseits des Todes an, aber auch den nach Freiheit dürstenden Geist, der der Welt jetzt und später, begleitet von dieser wunderbaren Vision des Lebens, den so bitter nötigen Beweis bringen wollte. Offensichtlich hatten die Weisen Sir Arthur lange vor seiner Geburt für diese Arbeit ausersehen und seine Weiterentwicklung verfolgt. Sein betriebsames Erdenleben und seine umfangreiche Erfahrung sowie seine Gewandtheit beim Schreiben konnten bei seiner ungewöhnlichen Mission voll zum Einsatz kommen. Doch die Weisen wußten, daß Sir Arthur, ehe er kenntnisreich und mit Autorität sprechen konnte, ein umfangreiches Gebiet der himmlischen Sphären durchqueren und kennenlernen mußte. »Niemand kann seinem Schicksal entrinnen, gleichgültig wie groß, stark und gut er auch sein mag. Selbst Christus konnte dem Kreuz nicht entfliehen.« *(The Return of Arthur Conan Doyle).*

In A.C.D. sehen wir eine tapfere, edle Seele, einen geschulten und erfahrenen Schriftsteller und Pionier, der erfüllt ist von dem Verlangen, die geistige Wahrheit zu finden und weiterzugeben. Seine große Liebe zur Menschheit und ein inneres Gespür für sein Schicksal zogen ihn unwiderstehlich zum Spiritismus, was viele seiner literarischen Freunde als seinen Verderb betrachteten (Sonne im 12. Haus (Sonnen-Horoskop), dem Haus der Selbstauflösung, doch im 13. Haus (Mond-Horoskop) der inneren Führung).

Im progressiven-Horoskop zum Zeitpunkt seines Todes erkennen wir einige äußerst interessante Merkmale. Astrologen berechnen dieses Horoskop, indem sie vom Zeitpunkt der Geburt an jeweils einen Tag für jedes Jahr addieren und dann das Horoskop dieses Tages erstellen. A.C.D. starb bald nach seinem einundsiebzigsten Geburtstag. Wir erstellen demnach das Horoskop einundsiebzig Tage nach seiner Geburt. Zusätzlich erstellen wir das Horoskop für einundsiebzig Tage vor dem Geburtsdatum, um die reziproken Planetenstellungen herauszufinden. Beide Darstellungen weisen auf bedeutsame Verknüpfungen mit seiner zukünftigen Arbeit hin. Im Geburtshoroskop steht für die reziproken Direktionen die Himmelsmitte in Opposition zu Uranus, dem Lichtbringer; der reziproke Uranus steht exakt in Konjunktion zur Sonne im Geburtshoroskop und der reziproke Mond näherte sich einer Konjunktion mit dem Mars des Geburtshoroskops (dem roten, ihn an die Erdsphäre bindenden Strahl).

Die planetarischen Positionen im Sonnen-Horoskop vom 22. Mai 1931 – dem Jahrestag seiner Geburt – jenem Tag, den die Weisen für seine Erlösung festgesetzt hatten, zeigen, daß der Mond, Planet des violetten Strahls, gerade in das Zeichen Löwe eingetreten ist, in dem auch Mars, der Planet des roten Strahls, steht. Im Mond-Horoskop befinden sich beide im Krebs, dem eigenen Zeichen des Mondes, was den violetten Strahl noch stärker betont. Zu der festgesetzten Zeit – 6.00 Uhr – war Mars gerade über die Himmelsmitte gelaufen, während der Mond sich dieser näherte, so daß im Augenblick der Erlösung dieser Seele die Himmelsmitte wahrscheinlich genau zwischen beiden Planeten lag, was zu Recht als Begegnung des roten und violetten Strahls bezeichnet werden konnte. Ebenso beachtenswert erscheint die

Tatsache, daß Mars und Mond beide im Löwen, regiert von der Sonne (Sonnen-Horoskop), oder im Krebs, beherrscht vom Mond (Mond-Horoskop), standen. Krebs regiert auch A.C.D.'s Geburtsland Schottland, ein weiteres interessantes Merkmal. An jenem Tag, seinem Geburtstag, war die Sonne in Arachne natürlich in der gleichen Stellung wie am Tage seiner Geburt.

Interessant an der Gruppe der für diesen Zweck zusammenarbeitenden Menschenseelen ist die Harmonie zwischen jener Seele in der lichten Welt und jener hier auf Erden, die A.C.D. helfen durfte, seine Mission zu erfüllen. Es handelt sich gewiß nicht um einen Zufall, daß sich eine ähnlich starke Gruppe aufsteigender Planeten in Zwillinge/Arachne, dem Zeichen der Kommunikation mittels Sprache und Schrift, ebenfalls im Horoskop von Grace Cooke zeigt, im achten Haus, das den Zustand nach dem Tode bestimmt, mit Skorpion, dem Zeichen des achten Hauses, als Aszendent. Was könnte besser den Bau einer Lichtbrücke zwischen diesen beiden Seelen verdeutlichen, klar und stark genug, den noch auf Erden Weilenden Belehrungen aus den höheren, weit jenseits des Astralen liegenden Welten zu übermitteln. Bezeichnend ist sicherlich auch, daß der Herrscher Merkur nicht nur im Stier stand – dem Zeichen des Bauherren – sondern auch im dreizehnten Haus, dem Haus der Seelenaufgabe, der inneren Führung.

Nach Durchgabe der Belehrungen, widmete Ivan Cooke mehrere Monate deren Zusammenstellung und der Herausgabe in Buchform unter dem Titel *Thy Kingdom Come*. In dem über viele Jahre hinweg veröffentlichten White Eagle-Magazin wurden diese Lehren noch stärker betont. Geboren am 22. Mai, am gleichen Tage wie A.C.D. (Richard Wagner übrigens auch), besaß Ivan Cooke ebenfalls eine mächtige Häufung von Planeten, vier Planeten (einschließlich Sonne) in Arachne, nahe zu denen im Horoskop von A.C.D., wobei sein Merkur in den Zwillingen in der Nähe von A.C.D.'s Jupiter stand.

Es gibt zahlreiche weitere Verbindungen zwischen diesen drei Horoskopen und dem gewählten Zeitraum für die Erlösung von A.C.D., aus denen sich schließen läßt, daß eine von außen auf sie einwirkende Kraft sowie Ereignisse, über die sie nur wenig Kontrolle zu besitzen schienen, diese Seelen zusammenführte. Zweifellos spielte Arachne, Zeichen der uralten Bruderschaften, eine wesentliche Rolle; ihr Gewebe übersinnlicher Verknüpfungen zieht Seelen aus aller Welt zusammen, um ihre besondere Arbeit auf der Gedankenebene, deren Aktivität im neuen Zeitalter noch zunehmen wird, weiterzuführen.

Die beiden Schwestern (Grace Cookes Töchter, von denen ich eine bin) wurden gebeten, an einigen Treffen der Gruppe (eine zusätzliche Kraftspendung) teilzunehmen, während derer A.C.D. seine Belehrungen übermittelte. Später widmeten sie ihr Leben vollständig der Förderung seiner Mission. Auch ihre Horoskope weisen ähnliche planetarische Konstellationen in Arachne auf.

Nach Herausgabe des Buches *Thy Kingdom Come* (heute unter dem Titel *The Return of Arthur Conan Doyle* veröffentlicht) erhoffte man sich von seiten der Freunde A.C.D.'s eine allgemeine Begrüßung seiner Entdeckungen über das Leben nach dem Tode und der außergewöhnlichen Beweise für seine Rückkehr. Doch bald stellte sich heraus, daß es mehr als eines Buches bedarf, um Geist und Leben der Menschen zu verändern. White Eagle wies uns dann an, ein Zentrum zu gründen, zunächst in London, später ein zweites auf dem Lande, die der Sternenbruderschaft in der geistigen Welt als Brennpunkte dienen sollten, von denen aus sie in Zusammenarbeit mit jenen Seelen auf Erden wirken konnten, um Licht und Heilkraft in die ganze Welt auszustrahlen. Zentren, die gleichsam wie ein Leuchtturm sturmgepeitschte Seelen sicher in den Hafen geleiten und die Menschheit beim Durchschreiten der künftigen »Jahre des Feuers« unterstützen sollten.

Nach eingehender Planung und gründlicher Vorbereitung entstand dann die White Eagle Loge, die White Eagle am 22. Februar 1936 einweihte. Bald darauf wurde eine Vielzahl an Büchern und Schriften herausgegeben und verbreitet, die allein dem Zwecke dienen sollten, notleidenden Menschen Trost und Licht zu spenden, besonders während der dunklen Tage des Zweiten Weltkrieges. Die ursprünglichen Botschaften von A.C.D. bilden die Grundlage zu dieser Arbeit.

Es ist interessant, sein Geburtshoroskop mit dem der ersten Loge, in London, zu vergleichen und festzustellen, daß seine Venus (Planet des Herzchakras) nahe an der Himmelsmitte der Loge steht. Sein Mond steht in Konjunktion mit Venus im Horoskop der Loge, gewiß auf seine warme Anteilnahme an der Arbeit hinweisend, während sein Aszendent sich in genauer Opposition zum Jupiter des Logenhoroskops befindet, wobei der Aszendent der Loge wiederum in Konjunktion mit seinem progressiven Saturn zum Zeitpunkt seines Hinübergehens steht. Saturn ist der Planet langfristiger Pläne und Angelegenheiten, die den Prüfungen der Zeit standhalten sollen.

Die Verbindungen zwischen A.C.D.'s Horoskop und jenem des Tempels (viele Jahre später, 1974 eröffnet) scheinen gleichfalls bedeutsam zu sein. Die Sonne im Tempelhoroskop (zum Geburtstag von Grace Cooke, an dem die Einweihung stattfand) steht in Konjunktion zu Mars von A.C.D. sowie in unmittelbarer Nähe seines Aszendenten, während der Mond im Wassermann sich in Konjunktion zu seiner Himmelsmitte befindet. Die Himmelsmitte des Tempelhoroskops steht nahe der progressiven Venus zur Zeit seines Übergangs.

Unmittelbar nach A.C.D.'s Tod wurde viel über die Gedenkstätte für ihn diskutiert, für die eine Summe von nur 2.000 Pfund gesammelt worden war. Die Unstimmigkeiten über die Verwendung des Geldes führten schließlich zur Rückgabe an die Spender. Am 30. Oktober 1930 äußerte sich White Eagle als Sprecher der Weisen: »Das der Arbeit in seinem Gedenken zugrundeliegende Prinzip besteht darin, den Namen dieses Bruders (A.C.D.) nicht zur Förderung seiner Persönlichkeit zu gebrauchen, sondern, seinem Leben entsprechend, zur Verbreitung von Wahrheit und Gerechtigkeit. *In diesem Sinne wird sein Name nach dem Tode seines Körpers benutzt werden, um den Brüdern jene Kraft zu geben, die sie zum Bau eines geistigen Tempels auf Erden brauchen.*«

Das Karma wirkte sich zweifellos gnädig und wunderbar aus, als diese Seele nach dem Tode von Reue erfaßt wurde, sobald sie erkannte, welchen Einfluß ihre Schriften auf den Geist der Leserschaft ausübte. Doch es sollte ihr möglich sein, ihre ungeheure Energie und Begeisterungsfähigkeit in die Ausbreitung einer Lehre strömen zu lassen, die dem menschlichen Verstand in Zeiten der Trauer und Verwirrung auf das Licht ausrichtet, ihn tröstet und ihm hilft, »die wahnsinnige Angst vor dem Tode« zu überwinden. Es besteht wohl kaum Zweifel darüber, daß Bruder Nobleheart (wie White Eagle A.C.D. nennt) sich immer noch aktiv für die wahre Spiritualisierung der Menschheit einsetzt, indem er sie in das Wassermann-Zeitalter geleitet, und daß es sich bei dem Weißen Tempel auf den Hügeln von New Lands um die im Jahre 1930 prophezeite Gedenkstätte handelt.

15

Weltweite Bruderschaft

In allen Horoskopen, die wir besprochen haben, liegt die Betonung auf Arachne und dem Element Äther, eine interessante Feststellung, nicht zuletzt aufgrund der Tatsache, daß White Eagle des öfteren von der Ätherbrücke sprach, die zur Zeit zwischen den beiden Welten errichtet wird. Fundament dieser Brücke ist stets die Liebe, die reine Herzensliebe. Sie ermöglicht es der Seele, jenes Lichtband zur inneren Welt aufzubauen und sich seiner zunehmend bewußt zu werden. Übung, Streben und Hingabe können es zu einer breiten Straße werden lassen, die es den Lichtwesen der himmlischen Welten ermöglicht, uns ihre Kraft und Unterstützung zu bringen. Selbst wenn wir uns um unsere praktischen Erdenangelegenheiten kümmern müssen, wird uns dieses lichte Band, Ariadnes Seidenfaden, durch das Labyrinth leiten, ganz gleich, welchen Problemen wir gegenüberstehen; es wird uns mit Sicherheit heimführen.

Heute, da Grace Cooke, Minesta, ihren physischen Körper verlassen hat, haben viele die Frage gestellt, ob White Eagle diese Arbeit immer noch anführe. Bedient er sich eines anderen Mediums? Die schlichte Antwort lautet: White Eagle spricht weiterhin zu allen, die sich auf seine Schwingung oder seinen Strahl einstimmen. Er spricht ebenfalls *durch* die Intuition aller, die sich auf ihn einschwingen, doch durch Störungen des Verstandes oder die Ansprüche des niederen Selbst werden seine Botschaften entsprechend beeinflußt. Zu Lebzeiten Grace Cookes widmete er seine Arbeit dem Bau »der Lichtbrücke« zwischen »seiner« und unserer Welt. Sie ist so stark, daß seine Inspiration von allen, die wirklich hinhören, vernommen werden kann. White Eagles eigene, uns so lieb gewordene Persönlichkeit allerdings ist eng mit seinem eigenen Medium verbunden. Nur wenn Minestas Töchter, oder andere, eng mit ihr verbundene Redner, so wie sie selbst während der Gottesdienste der White Eagle Loge sprechen, vernehmen wir gewöhnlich seine vertraute Stimme.

White Eagle selbst wirkt als Durchlaßgefäß für eine erhabenere Wesenheit − den Meister der Sternenbruderschaft. Auf diese Weise erstreckt sich das Lichtband von der Erde zum Himmel; Liebe, Hingabe und Dienst der beteiligten Seelen bewahren seine Strahlkraft. Grace Cooke weihte ihr Leben dem Dienste White Eagles und der Sternenbruderschaft in der lichten Welt. Obgleich sie nicht mehr unter uns weilt, bleibt sie im Herzen mit dieser Arbeit verbunden, die sie nun aus klarerer Sicht heraus betrachtet. Die Verbindung zu ihr bleibt bestehen; immer noch ist sie die Mutter der White Eagle-Familie. Zwischen ihr und jeder Seele, die in der White Eagle Loge ihre geistige Heimat sieht, schwingt ein strahlendes Band der Liebe und des Lichtes, vergleichbar mit dem Seidenfaden der Ariadne, einer Kommunikationslinie von Herz zu Herz, die sie, wie White Eagle, augenblicklich jeden Hilferuf erkennen und beantworten läßt. Eine tiefe, im Laufe der Zeitalter gewachsene Liebe schwingt zwischen ihr und ihrer Familie, mit der sie eng zusammenarbeitet.

Die White Eagle Loge wurde nicht planlos gegründet; die Lichtbrücke im Laufe der Jahre zu stärken und zu festigen, geschah nicht willkürlich. Wir beten, daß von hier aus überall auf der Welt zahlreiche Logen entstehen mögen, Zentren, in denen vom Leben geschüttelte und in der Wildnis moderner Gedankengänge verirrte Seelen Frieden, Heilung und Erneuerung finden können, was den Bau ihres eigenen Lichtweges in die innere Welt stärken und unterstützen wird.

Interessanterweise sprach White Eagle im Jahre 1952, lange bevor wir auch nur die geringste Kenntnis von der Existenz eines Mond-Tierkreises besaßen, bereits darüber, wie uns zarte Fäden, vergleichbar mit denen des Spinngewebes, miteinander verbinden:

»Diese Arbeit wurde nicht durch menschlichen Willen ins Leben gerufen und ausgebaut, sondern durch den Willen des Geistes. Sie kann nicht an einem einzigen Tage Früchte hervorbringen; sie bedarf einer langen Vorbereitung. Es mag euch überraschen, daß viele Mitarbeiter und Freunde dieser Loge im Sinne eurer Zeitrechnung lange zuvor darauf vorbereitet wurden, selbst während vergangener Inkarnationen. Mit einer solchen Aufgabe versehen kehrt ihr zurück und werdet geradezu magisch aus allen Teilen der Erde zueinandergeführt, denn zarte Bande, ähnlich den Fäden des Spinnennetzes, verbinden euch. Ihr seid nicht nur mit inkarnierten Seelen verknüpft, sondern auch mit der großen Gemeinschaft der Jenseitigen. Ihr alle gehört einer Bruderschaft an, miteinander verwoben durch feine geistige Fäden.

Bruderschaft besteht in erster Linie auf der geistigen Ebene. Bruderschaft bedeutet die Harmonisierung von Gedanken, Werken und Idealen. Hierin liegt die Grundlage für den Bau unseres Tempels.

Bedenkt, daß die Grundlage eines spirituellen Tempels im Christusgeist und der Christusliebe liegt, ohne die der Tempel nicht bestehen kann. Wir möchten allen Freunden und Brüdern diese Wahrheit ins Gedächtnis rufen. Möget ihr den Christusgeist in euer Gebäude einbauen, dann wird es sicher stehen und sein Werk wird die Zeiten überdauern.

Nicht Menschenwille gründete diese Loge, sondern Gottes

Wille und die Inspiration und Führung der Brüder jenseits des Schleiers.

Einige aus dieser Gemeinschaft der Weißen Brüder kennt ihr, andere wiederum nicht. Alle sind sie mit euch und unterstützen die Arbeit. Solange alle an diesem Werk Beteiligten die Einstimmung auf die Bruderschaft jenseits des Schleiers aufrechterhalten, könnt ihr versichert sein, daß der Arbeit stets ihr Segen und ihre Unterstützung beschieden sein wird. Wer auch immer ihr seid, eure Einstimmung auf die Bruderschaft des Christuslichtes wird euch zum Werkzeug machen.«

Jene Brüder, die ihre Steinkreise so exakt zu den Himmeln ausrichteten, haben einem zukünftigen Zeitalter ein Symbol der himmlischen Herrlichkeit hinterlassen, die in jeder einzelnen Seele wachgerufen werden kann. Der auf einen bestimmten Stern ausgerichtete Zentralstein inmitten des Steinkreises symbolisiert das Menschenherz, das eingestimmt ist auf den Stern der Himmel, durch den es die göttliche Macht, Weisheit und Liebe erleuchtet. Dies erweckt und energetisiert alle Chakras, bis jeder Seinsaspekt, physisch, astral, mental und göttlich, Licht und Farbe, Klang und Duft ausstrahlt. Energie durchpulst jedes einzelne Chakra, das seine eigene Note in der Sphärenharmonie erklingen läßt. Göttliches Leben und göttliche Kraft erfüllen die Seele, die dann zum Segen der ganzen Welt ausströmen.

Doch in dem Augenblick, in dem die Seele für die Führung des inneren Lichtes erwacht, bildet sich ein magisches Band zu anderen Seelen auf der ganzen Welt, die durch Lichtfäden, Spinnfäden, zusammengeführt werden – zu einer Bruderschaft des Geistes, tiefer und stärker als gewöhnliche menschliche Freundschaften –, über Zeitalter hinweg vereinigt durch eine vom physischen Tode unberührte Liebe. Im Laufe zahlreicher Inkarnationen finden sich diese »dem Dienste der Menschheit geweihten Seelen« in einer Bruderschaft zusammen, deren individuelles Licht mit dem herrlichen Stern des Christuslichtes verschmilzt und so eine Heilkraft hervorruft, die schließlich die Vision der gesamten Menschheit zur Liebe emporzuheben vermag. Dieser Dienst währt und wächst über viele Leben hinweg, und die in diesen kleinen, eng miteinander verbundenen Gruppen geschaffene geistige Kraft, jenes winzige Rad, beeinflußt und treibt das große Rad menschlichen Lebens und Denkens an, genauso wie Arachne − jenes magische dreizehnte Zeichen des Mond-Tierkreises − das gewaltige Himmelsrad antreibt. In den Lehren der uralten Bruderschaften heißt es: »Mensch erkenne dich selbst, und du wirst Gott und das Universum erkennen.«

Kleine Bruderschaften in der ganzen Welt treffen sich auch heute noch, um auf innerer oder geistiger Seinsebene zu dienen, einige in bewußter Zusammenarbeit mit den Sternenengeln, um ihren Mitmenschen und der gesamten Menschheit das Christuslicht zu bringen, so wie es einst ihre fortgeschrittenen Brüder der alten Steinkreise taten. Gedankenkontrolle und die Sehnsucht nach dem Stern beleben das innere Heiligtum einer jeden Seele. Licht und Heilkraft lassen es auflodern und energetisieren und durchlichten alle Chakras; es erstreckt sich auf das innere Bewußtsein anderer Seelen, um auch in ihnen ein Gefühl der Liebe zu Gott und füreinander zu wecken.

Selbstüberwindung, Überwindung von Egoismus und die Annahme göttlicher Disziplin waren in allen Jahrhunderten Ziel und Arbeit der Bruderschaften der Mysterienschulen. Das uralte Symbol dieser Bruderschaften, eingegraben in Felsen und Steinen auf der ganzen Welt, zeigt das gleichschenklige Kreuz im Kreis, Symbol der Arachne − oder der Ariadne, der Makellosen − sowie der Mondgöttin Arianrhod der Kelten, die in ihren Händen jene seidenen Zügel hält, die das innere Leben der Menschheit lenken und kontrollieren.

Das besondere Wirken und die Lehren dieser inneren Bruderschaften beschäftigten sich mit dem Menschen selbst, dem Gedanken, daß es möglich ist, jedes Individuum zu schulen, die tief in seinem Inneren verborgenen gottähnlichen Kräfte zu entwickeln, zu stärken und in hingebungsvollem Dienst aktiv werden zu lassen. Entfaltung und Entwicklung der Energie in den Chakras lassen die Seele, selbst im physischen Körper, bewußten Kontakt zu allen geistigen Lebenssphären aufnehmen und sich ihrer Kräfte bedienen.

Der Grundsatz lautet stets: nicht aus selbstsüchtigem, persönlichem Ehrgeiz heraus, weder in bezug auf irdische Arbeit noch um des geistigen Fortschritts willen, sondern aus Hingabe an das Ideal – das Niederlegen des »kleinen Selbst« – zum Wohle des Ganzen. Diese Einstellung schwingt die Seele – ja, die Gruppenseele der Bruderschaft – auf die göttliche Magie ein, auf jene Kraft, die Sterne und Planeten auf ihrer Bahn hält und alles Leben, dem Vollkommenen Gesetz entsprechend, ordnet.

White Eagle

Das große Astrologie-Buch

Das lange erwartete Grundlagenwerk der White Eagle-Gemeinschaft zur Astrologie, entstanden in Zusammenarbeit mit Joan Hodgson, das sich vor allem durch seine spirituelle Tiefe auszeichnet. Keine Vulgärastrologie oder Sterndeuterei ist das Thema des Buches, sondern das wissende Erschließen der geheimnisvollen Weisheit des Tierkreises.

Der „kosmische Mensch" erkennt sich in seiner Vermittlerfunktion zwischen Mikro- und Makrokosmos, zwischen Himmel und Erde.

Die klare Analyse und Beschreibung bestimmter Konstellationen – auch in Verbindung mit den Mysterien der Sieben Strahlen – ermöglichen es auch dem astrologischen Laien, bestimmte seelische Grundstrukturen zu verstehen und zu beachten. So erweist sich dieses Werk als überaus wertvoller Begleiter zur Selbsterkenntnis und zur Bewältigung der Lebensaufgaben!

Ein Weisheitsbuch aus der einzigartigen White Eagle-Tradition, das die Verbindung zwischen Himmel und Erde, zwischen Menschenerkennen und Sternengeheimnis herstellt.

ISBN 3-922936-68-7

White Eagle

Das große Heilungsbuch

Mit diesem lang erwarteten Werk liegen endlich die beiden wichtigsten Veröffentlichungen der White Eagle Loge zum Thema „Heilung" vor.

Der erste Teil des Buches enthält die Lehren White Eagles über die Gesetzmäßigkeiten, die zur Aufrechterhaltung einer inneren und äußeren Gesundheit beachtet werden müssen. In klaren Worten weist White Eagle die Ursachen nach, die zur Erkrankung führen und zeigt den Weg zur Umkehr auf. Jeder Mensch kann sein eigener Heiler sein, wenn er die großen kosmischen Gesetze zur Anwendung bringt und dadurch in sich selbst wieder „heil" wird.

Der umfangreiche zweite Teil (verfaßt von Joan Hodgson) des „Heilungsbuches" wird sich als unentbehrlich für den Praktiker erweisen. In ihm werden bis ins Detail die Geschehnisse beim geistigen Heilen erklärt. White Eagle beschreibt die notwendigen Einstimmungsübungen; gibt Hinweise über die geeignete Auswahl des eigenen Heilungs-Sanktuariums; empfiehlt bestimmte Heilungs-Meditationen und Gebete und offenbart das wundervolle Wirken der Engel der Heilung.

Das Besondere des White Eagle-Heilungsbuches liegt in der Befähigung White Eagles, die Wirkung bestimmter Heilmethoden aus geistiger Sicht beurteilen zu können. Aufgrund seiner Wahrnehmungen setzt White Eagle seine Erdengeschwister in die Lage, mit großer Sorgfalt und erweitertem Bewußtsein heilend und helfend tätig zu werden – sei es als Arzt oder Heilpraktiker oder „nur" zugunsten der eigenen Familienmitglieder.

ISBN 3-922936-41-5

White Eagle

Die Heilungspraxis

Der zweite Band des „White Eagle-Heilungsbuches" ist nahezu
ausschließlich der konkreten Heilungspraxis gewidmet. Im ersten Teil erfolgt eine ausführliche Analyse der spirituellen Hin-
tergründe von Krankheiten. Es wird deutlich, daß Krankheit
vorrangig im geistig-seelischen Bereich ansetzt, bevor sie sich
als körperliches Leiden manifestiert. White Eagle zeigt aus seiner Sicht die Verbindungen zwischen Geist und Körper und
Wege zur inneren Wandlung auf; unter Berücksichtigung des
CHRISTUS-Geistes als universellem Heiler.

Der zweite Teil der „Heilungspraxis" enthält die Grundstruktur der Ausbildung zum Heiler, wie sie von White Eagle gelehrt
wurde – und in England seitens der Heiler in aller Öffentlichkeit
als religiöse Handlung praktiziert werden kann. Ausführlich
geht White Eagle auf die Heilungsarbeit am Kranken ein, von
der Reinigung der Aura bis hin zu Ernährungsfragen. Immer
steht die konkret anwendbare Hilfsmöglichkeit im Mittelpunkt
seiner Lehre.

Der dritte Teil enthält Fallstudien, aus denen deutlich wird, in
welcher Weise Geistheilung auch bei schwersten Erkrankungen
Hilfe schenken konnte. Diese bewegenden Kapitel werden sowohl dem Heiler als auch dem Patienten Ermutigung schenken.
Abgeschlossen wird dieser Abschnitt durch eine kurze Darstellung der Heilungsarbeit, wie sie heute von der White Eagle-Gemeinschaft in England praktiziert wird.

ISBN 3-922936-54-7